Sina Beerwald

111 Orte auf Föhr, die man gesehen haben muss

111

emons:

Mein besonderer Dank geht an die Museumsleiterin des Dr.-Carl-Häberlin-Friesen-Museums in Wyk, Jutta Kollbaum-Weber, sowie an Julia Sophie Kreetz und Maren Kunz für die Bereitstellung der Archivbestände. Ebenso bedanke ich mich bei Reinhard Jannen, dem Archivar der Ferring-Stiftung, für den umgehenden Scan von historischen Dokumenten aus dem Bestand des Inselarchivs in diesen »besonderen Zeiten«.

Bibliografische Information der Deutschen Nationalbibliothek
Die Deutsche Nationalbibliothek verzeichnet diese Publikation in der Deutschen Nationalbibliografie; detaillierte bibliografische Daten sind im Internet über http://dnb.d-nb.de abrufbar.

MIX
Papier aus verantwortungsvollen Quellen
FSC® C083411
FSC
www.fsc.org

Layout: Eva Kraskes, nach einem Konzept von Lübbeke | Naumann | Thoben
Kartografie: altancicek.design, www.altancicek.de
Kartenbasisinformationen aus Openstreetmap,
© OpenStreetMap-Mitwirkende, ODbL
Druck und Bindung: CPI – Clausen & Bosse, Leck
Printed in Germany 2021
ISBN 978-3-7408-1068-9
Originalausgabe

Vorwort

Der Dichter Christian Morgenstern schreibt Anfang Juli 1905 während seines ersten Föhr-Besuchs: »Die Landschaft hat gar nichts Äußerliches, Lautes, sie spricht selbst fast nicht, sie singt höchstens leise an stillen sonnigen Abenden, wenn das Meer wie ein Spiegel grünblau mit dem Himmel zusammenzurinnen scheint, wenn auf den westlichen Wänden der Halligwarften ein leuchtender Schein liegt und die weiten Geesten und klaren Marschen mit ihren zerstreut weidenden Pferden, Kühen und Schafen eine beschauliche Wehmut atmen.«

Angesichts seiner Zeilen seufze ich tief. Ja, es ist ein Seufzer, in dem sich auch meine ganze Liebe zur Insel ausdrückt und den alle Föhr-Fans gut kennen. Diese Föhr-liebtheit hat auch mich vor Jahren schon ergriffen, und so möchte ich Ihnen hier 111 außergewöhnliche, spannende, historische und sehenswerte Orte vorstellen – für eingefleischte Föhr-Liebhaber und -Neuentdecker und für Insulaner, die ihre Heimat erforschen wollen.

Ich habe versteckte Orte aufgespürt und mir spannende Anekdoten erzählen lassen, die noch in keinem Reiseführer stehen, und zu bekannten Sehenswürdigkeiten unbekannte Hintergründe recherchiert.

Die Fotos entstanden in der Zeit des Lockdowns 2020 und sind somit ein historisches Zeitdokument. Ein Großteil der 111 spannenden Orte ist so ausgewählt, dass diese von Öffnungszeiten unabhängig frei zugänglich sind. Oder Sie reisen vom heimischen Sofa aus in Gedanken auf die Insel, machen dabei spannende Entdeckungen und planen den nächsten Urlaub.

Sina Beerwald

111 Orte

1 Der Anleger

Herzlich willkommen auf Föhr

»Min Eilun Föhr«, seufzen vom Heimweh geplagte Insulaner auf Fering – der Sprache ihrer Heimat –, sobald die Insel in Sicht kommt. »Endlich«, rufen die Touristen auf der Fähre und können es kaum erwarten, bis der Urlaub in der »friesischen Karibik« beginnt.

»Wyk ist ein Geschenk der Natur«, stellte schon der Gerichtsvogt von Colditz (1786–1872) fest, darum gründete er mit 20 Badeaktionären 1819 das erste Seebad an der nordfriesischen Küste, stellte vier Badekarren (siehe Ort 2) auf, eröffnete ein Warmbadehaus am Sandwall und begrüßte bereits in der ersten Saison 61 Gäste. 1885 erfolgt die Gründung der »Wyker Rhederei Gesellschaft«, der heutigen W.D.R. (siehe Ort 74). Die Gästezahlen stiegen, schon seitdem der dänische König Wyk 1824 zum offiziellen »Wilhelminen-Seebad« ernannte, und nach 1864 folgte der preußische Hofstaat. Jetzt kommen rund 1.000 Gäste pro Saison, kurz vor dem Ersten Weltkrieg wird die 10.000er-Marke geknackt.

Der Reiseführer von 1886 schwärmt: »Welch schönen Anblick gewährt uns der Sandwall, wenn man, mit dem Dampfschiff von Husum kommend, sich Wyk nähert und an der bequemen Dampfschiffsbrücke landet! Es gibt wohl keinen schöneren […]. Da sieht man hinter der grünen Allee die schöne Häuserreihe, in der Allee die promenierenden Kurgäste und Fleckeneinwohner und vor der Allee die durch ihr weisses Leinen weitschimmernden Zelte und die spielende Jugend.«

Mitte 2014 fiel der Beschluss, aus der Alten Mole eine neue zu machen, die Bauarbeiten begannen 2016, die Kaifläche wurde umgestaltet und erhöht, am Molenkopf entstand eine Slipanlage für Sportboote und Wasserrettungsfahrzeuge, außerdem wurde der marode »Anleger 1« ersetzt und ein neuer, zweiter Fußgänger-Seiteneinstieg gebaut. Kostenpunkt: elf Millionen Euro. Das neue Pegelhaus hat man als kleinen rot-weißen »Leuchtturm« verkleidet, der seit April 2020 Inselbewohner und Gäste begrüßt.

Adresse Fähranleger, 25938 Wyk auf Föhr | Öffnungszeiten immer zugänglich | Tipp Falls Sie zu Fuß auf die Insel kommen: Es gibt zahlreiche Fahrrad-Verleihstationen in Wyk, die nur ein paar Minuten vom Fähranleger entfernt sind. E-Bikes sollten Sic rechtzeitig vorab reservieren.

2 Die Badekarren

Von Badereitern und Badebillets

Heute stehen die Badekarren nur noch als nostalgische Erinnerung am Strand, doch seit 1819 waren sie lange unentbehrlicher Teil des Badelebens und bei den Sommerfrischlern nicht wegzudenken. Am 31. August 1819, kurz nach Eröffnung des Seebads, erklärt dessen Gründer, der Gerichtsvogt von Colditz: »Das kalte Bad in offener See wird in Badekutschen genommen, die nach dem Muster der englischen eingerichtet, aber, wie Augenzeugen versichern, noch geräumiger und bequemer sind.« Die Badekarren wurden von einem sogenannten Badereiter hoch zu Ross ins Meer gefahren.

Jedem Badenden stand laut den Baderegeln von 1817 eine halbe Stunde zu. »Badebillets bekommt man beim Kassierer Andersen«, darin sind vier Schillinge für den Badewärter als Trinkgeld bereits enthalten – oder für die Badewärterin, falls eine Dame ins Bade steigen wollte, versteht sich. Am Badekarren war ein Stoffschirm angebracht, der aufs Wasser hinuntergelassen wurde, damit die Badende von unsittlichen Blicken geschützt in die Wellen steigen konnte. Selbiges natürlich retour. Die Badewärterin half beim An- und Auskleiden und beim Abtrocknen, woraus eine Wissenschaft gemacht wurde. Der Badekarren war mit einer Bank, einem kleinen Tisch, einem Spiegel, Kleiderhaken und einer Fußdecke ausgestattet. Als Witterungsschutz waren die Kabinen mit einem dicken Kleister sowie von innen und außen mit Ölfarbe bestrichen.

Auch H. C. Andersen berichtet 1844 bei seinem Aufenthalt auf Föhr: »Es ist auch vergnüglich arrangiert, man kommt in ein kleines Badehäuschen hinein, und während man sich auszieht, reitet ein Knecht ein Pferd, welches das ganze Haus weit ins Meer hinauszieht. Wenn dieses steigt, wird man hereingeholt; neulich kam die See so schnell, dass die Wellen direkt zu mir hereinschlugen. Ich musste die Flagge setzen, um den Knecht zu veranlassen, mich weiter hereinzuholen.« Aber zum Glück: Nach dem Ruf »denn man to!« ging es stets sicher zurück an den Strand.

Adresse Promenadenweg, beim Strandlokal Pitschi's, 25938 Wyk auf Föhr | Öffnungszeiten jederzeit von außen zu besichtigen | Tipp Wer die Wärme sucht, findet am Strandabschnitt 13, in der Nähe des Strandlokals Pitschi's, eine kleine mobile Strandsauna direkt am Meer, die exklusiv vermietet wird. Weitere Infos und Buchung unter www.wander-wagen.de.

3 Der Bernsteinzoo

Das Gold der Nordseeküste als Unikate

Alles begann mit einem gefundenen Bernstein, den Uwe Petersen als Neunjähriger an Feriengäste für 20 Mark verkaufte, mit 16 hielt er erste Vorträge, dazwischen lernte er Holz- und Baustoffkaufmann, zog von Pellworm nach Föhr und eröffnete mit 25 Jahren seinen eigenen Laden in Wyk – die Bernsteintruhe.

Mittlerweile ist er der einzige professionelle Bernsteinsucher auf den Nordfriesischen Inseln, vielen deshalb längst besser unter dem Namen »Uwe Bernstein« bekannt. Wobei die Suche sehr mühsam ist – ein Gramm Bernstein auf einen gelaufenen Kilometer ist seine durchschnittliche Ausbeute, weshalb auch die Muschel- und Krabbenfischer seine Lieferanten sind, die den »Beifang« gern verkaufen.

Natürlich stellt er seine Produkte aus dem »Gold der Nordseeküste« selbst her. Ob Ohrringe, Kettenanhänger, Ringe, moderne Charms nach dem Baukastenprinzip und andere schöne Accessoires: alles Unikate, die im Hinterzimmer in seiner Werkstatt entstehen – so auch der größte Bernsteinzoo der Welt.

Staunend steht man in seinem geschmackvoll maritim dekorierten Verkaufsladen vor der Vitrine und betrachtet die 400 handgeschnitzten Tiere, vom Affen bis zur Ziege – Strandkrabbe und Fische dürfen natürlich auch nicht fehlen. Insgesamt hat er für seinen prachtvollen Zoo rund 100 Kilogramm Bernstein verarbeitet.

Angefangen hat es mit dem Auftrag, eine Schildkröte zu schnitzen, den er für 70 Mark angenommen hatte, ohne zu wissen, wie er das anstellen sollte – doch er hatte Erfolg und bekam Lust, weitere Tiere herzustellen, und daran sitzt er gut und gern zwölf Stunden und mehr. Er lernte bei einem Knochenschnitzer in Indonesien, und das gab seiner Kunstfertigkeit im wahrsten Sinne des Wortes den letzten Feinschliff. Da allein der Stein für ein solches Tier mehrere tausend Euro kostet, bleibt es für die meisten Besucher wie im echten Zoo beim Anschauen.

Adresse Große Straße 28, 25938 Wyk auf Föhr | **Öffnungszeiten** Hauptsaison Mo–Fr 10–18 Uhr, Sa 10–13 Uhr, Nebensaison Mo–Fr 11–17 Uhr, Sa 10–13 Uhr, Mi Ruhetag, weitere Infos unter Tel. 04681/7412287 und www.uwebernstein.de | **Tipp** Wenn Sie selbst Bernstein suchen wollen, haben Sie im Winterhalbjahr bessere Chancen als im Sommerurlaub, denn bei vier Grad Celsius hat das salzige Meerwasser seine größte Dichte, sodass der Bernstein an der Oberfläche treibt. Am ehesten werden Sie nach einem Sturm an der schwarzbraunen Linie fündig, die sich am Flutsaum bildet und aus Sprockholz besteht.

4 Die Borgsumer Mühle

Zur Beerdigung mit weißer Schürze

Die Borgsumer Mühle, weithin sichtbares Wahrzeichen, wurde erst 1991 nach historischen Zeichnungen wiederaufgebaut. Doch die Geschichte reicht bis ins Jahr 1744 zurück. Da hatte der dänische Müller Nickels Peters von einem wohlhabenden Hooger Schiffskapitän 10.000 Mark als Darlehen erhalten – ohne Sicherheit –, weil Peters für die Hooger eine kleine Windmühle errichtet hatte. Mit dem Geld kaufte Nickels Peters eine Bockmühle auf dem Festland und baute sie südwestlich von Borgsum wieder auf. Er war ein handelstüchtiger Müller, denn seine Mühle konnte als erste auf Föhr Gerste schälen, und so verarbeitete er jeden Winter drei vom Festland gekaufte Schiffsladungen voll Gerste zu Graupen, die er nach England verkaufte.

Als er 1766 starb, war sein Sohn Paul Nickelsen noch nicht volljährig, und so ging der Betrieb zunächst an den Nieblumer Küster Claus Petersen über. Aber von 1773 bis 1810 führte Paul Nickelsen zusammen mit seinem taubstummen Bruder Peter die Mühle. Paul verscherzte es sich auf politischer Ebene jedoch so sehr mit seinem Umfeld, dass die Frauen 1810 zu seiner Beerdigung mit weißen Schürzen erschienen. Die Mühle blieb 132 Jahre lang in Familienbesitz, bis sie 1876 von Boy Johann Knudsen aus Alkersum gekauft wurde. Er hatte nicht lange Freude daran. Am 14. Oktober 1893 äscherte ein Blitz die Mühle ein, nachdem sie 147 Jahre lang treue Dienste geleistet hatte – zugleich erwischte es bei diesem Gewitter übrigens die Mühle in Goting.

Boy Johann Knudsen musste im Christian-Albrechts-Koog eine Mühle kaufen, die er in Borgsum wiederaufbauen ließ, und so begann die Geschichte der Borgsumer Mühle 1894 neu. 1911 erwarb Cornelius Adolf Andresen von Amrum die Mühle, der übrigens zehn Jahre zuvor den neuen Müller auf der Oldsumer Mühle (siehe Ort 69) eingelernt hatte. In den 1960ern mahlte die Borgsumer Mühle als letzte Mühle auf Föhr noch Korn.

Adresse Malnstich, 25938 Borgsum | Öffnungszeiten jederzeit von außen zu besichtigen | Tipp Fahren Sie von Borgsum aus die Traumstraße entlang bis nach Utersum. Der Straßenname ist Programm. Genießen Sie den traumhaften Ausblick aufs Meer.

5 Der Braren-Gedenkstein

Ahnenforschung und Traditionsbewusstsein

»Ein schmerzlicher Verlust für das Friesentum«, so titelt der Insel-Bote im Februar 1953 im Nachruf auf Lorenz Braren (1886–1953). Doch weshalb hatte Lorenz Braren überhaupt einen Bezug zu Föhr? Schließlich arbeitete er viele Jahre in Jersey City in den USA und später in der Nähe von München, wo er sich mit Erfindungen auf dem Gebiet des Getriebebaus einen Namen machte. 1931 gründete er die Deutsche CYCLO Lorenz Braren KG, die später über 1.000 Mitarbeiter hatte. Er wurde am 30. Mai 1886 in Borgholz bei Heide geboren – seine Eltern jedoch stammten von Föhr, und er fühlte eine starke Verbindung zur Insel und reiste oft dorthin.

Neben seiner Tätigkeit als Firmenchef und Ingenieur war er Heimatforscher und Genealoge. Sein bedeutendes Hauptwerk zur Ahnenforschung heißt »Geschlechter-Reihen St. Laurentii Föhr«, an dem er von 1906 bis 1949 arbeitete. In weiteren Publikationen beschäftigte er sich mit Strömungsverhältnissen und Siedlungsspuren im Wattenmeer.

Und als sei das noch nicht genug, setzte sich der »Sohn unserer Insel« für die Pflege des Föhrer Brauchtums ein. Er gründete den Utersumer Trachtenverein und sorgte für die Wiederbelebung des »Fering Ferians«, eines 1920 gegründeten Vereins zur Sprach- und Kulturpflege auf Föhr. Zusätzlich kümmerte er sich noch um den Ausbau des Friesen-Museums (siehe Ort 22), die Kanzelrestaurierung von St. Laurentii und um vorgeschichtliche Ausgrabungen.

Der Gedenkstein wurde am 5. August 1973 eingeweiht und liegt leider sehr versteckt in einem kleinen Wäldchen unweit der Kirche von St. Laurentii, wobei die örtliche Nähe passt, ebenso treffend sind die Schlussworte im Nachruf: »Auf dem sturmumbrausten Inselfriedhof von St. Laurentii wird dieser urtümliche Friese, dieser zielfeste Tatmensch, diese schlichte, liebenswerte Persönlichkeit nunmehr an der Seite der treuen Lebensgefährtin von einem erfolgsgesegneten Leben ausruhen.«

Adresse Taftem Hoofstigh, 25938 Süderende | Öffnungszeiten immer zugänglich | Tipp Die Grabstätte der Familie Braren befindet sich auf dem Kirchhof von St. Laurentii in Süderende am südlichen Ende des Friedhofs.

6 Die Carl-Häberlin-Straße

»Aus blühenden Blumen wächst tausend Trost«

Der Schwabe Dr. Carl Häberlin (1870–1954) kam 1902 auf Einladung seines Studienfreundes Dr. Carl Gmelin (siehe Ort 26) nach Föhr und war entschlossen, zu bleiben. Als praktizierender Arzt, Heilklimatologe, Heimatforscher und Gründer des Friesen-Museums – um nur die Hauptpfeiler seiner Tätigkeiten zu nennen. Die Insel wurde sein Leben – sein Lebenswerk die Erforschung der Insel. 1946 erhält er für seine Verdienste die Ehrenprofessur, 1950 wird er zum Ehrenbürger von Wyk ernannt, 1956 folgt die Verleihung des Großen Bundesverdienstkreuzes.

Nicht zuletzt benannte man zu seinen Ehren 1940 die »Neue Straße« in Carl-Häberlin-Straße um. Die Wahl dieser Straße hatte einen guten Grund. Er ging sie täglich, denn an deren Ende lag sein Schrebergarten mit Laube. Als Vegetarier zog er dort sein Gemüse und nutzte die frühen Morgenstunden für den ersten Spaziergang mit den beiden Langhaardackeln Waldfried, kurz Waldi, und Susi, um im geliebten Garten nach dem Rechten zu sehen und seinen Patienten Blumen zum Trost mitzubringen. Übrigens, wenn einer der Dackel das Zeitliche segnete, kam ein neuer Hund ins Haus – und erhielt den Namen des Vorgängers. Jeden Tag vor Praxisöffnung also dasselbe Bild.

»Ein Mann geht durch die Straßen Wyks, und sein Gehen ist so anders, als Menschen sonst zu gehen pflegen«, beobachtet die Wykerin Christine Tamm als Zeitgenossin und fragt sich, was die Ursache ist. »Jahre später glaubte ich es zu wissen: So geht ein Mensch, der es so bitterernst nahm mit der Erfüllung all dessen, was das Leben von ihm forderte, dass ihm nicht die Muse blieb, seinen Schritt dem eines anderen Menschen anzupassen – er geht allein.« Von den Hunden war tatsächlich oft nichts zu sehen. Zumindest auf dem Weg zum Garten trödelten die Dackel weit hinter ihrem Herrchen her – und den Weg zurück rannten sie voraus, denn sie wussten, zu Hause wartete der gefüllte Fressnapf.

Adresse Carl-Häberlin-Straße, 25938 Wyk auf Föhr | Öffnungszeiten immer begehbar, zur Zeit der Rosenblüte ist diese Straße besonders sehenswert und ein tolles Fotomotiv | Tipp Gehen Sie bis zum Ende der Straße Richtung Mittelstraße. Dort befindet sich unter der Hausnummer 24 das Hugo-Hinrichsen-Haus. Es erinnert an den Herausgeber der Zeitung »Föhrer Lokalanzeiger«. In seinem Verlag erschien auch 1938 das Buch »300 Jahre Wyker Geschichte«, zu dem Carl Häberlin das Geleitwort schrieb.

7 Die Confitentenlade

Ein rätselhafter Holzkasten in der Kirche

Im Vorraum der St.-Laurentii-Kirche hängt ein rätselhafter, weiß gestrichener Holzkasten aus dem 18. Jahrhundert mit Einwurfschlitzen in Münzgröße, die mit den Namen der sieben Dörfer des Kirchspiels beschriftet sind. Ein Opferstock für die einzelnen Gemeinden? Aber was hat es mit dem Begriff Confitentenlade auf sich? Darin steckt die Bedeutung »eingestehen, beichten« – und jetzt sind wir auf der richtigen Spur.

In norddeutschen Kirchen warfen alle, die am Abendmahl teilnehmen wollten, einen Zettel mit ihrem Namen, sortiert nach ihrem Heimatdorf, in den Kasten. Daraufhin wurden sie vom Pastor kontaktiert, um die Beichte abzulegen – damals Voraussetzung für die Teilnahme am Abendmahl. Auf Föhr sind diese äußerst selten gewordenen Ausstattungsstücke noch in allen drei evangelischen Kirchen erhalten.

Im Friesendom staubte die Confitentenlade lange vergessen im Turm ein, bis sie 2004 durch Dr. Hans Dieter Birkhoff, dem Vorsitzenden des Fördervereins St. Johanniskirche e. V., ihren alten schwarzen Glanz erhielt. Eine Rarität ist das »Confitenten=Buch der St. Johannis=Gemeinde auf Föhr angefangen 1861«, in dem über 100 Jahre hinweg bis ins Jahr 1962 (!) jede Person verzeichnet ist, die das heilige Abendmahl empfangen hat – sorgfältig nach Gemeinde getrennt, versteht sich. Da kann man leicht ermitteln, wer ein fleißiger Kirchgänger war – oder besonders viel zu beichten hatte.

Datenschutz? Fehlanzeige. Bis Anfang des 19. Jahrhunderts herrschten ohnehin noch ganz andere Sitten auf Föhr. Es gab zwei Schandpfähle, um »Diebe, Räuber, Betrüger und Verleumder« öffentlich zur Schau zu stellen. Im Jahr 1667 holte man sich die Erlaubnis ein, sie »an gewißem Orthe, etwa an dem Kirchwege oder wo es sonsten gebräuchlich«, aufzustellen. Einer stand im Hafen von Wyk, der zweite am Nordeingang zum Kirchhof in St. Nicolai, beide waren noch bis 1812 »in Betrieb«.

Adresse Vorraum St.-Laurentii-Kirche, Sarkstigh, 25938 Süderende | Öffnungszeiten tagsüber außerhalb von Gottesdiensten immer zur Besichtigung offen | Tipp In der St.-Nicolai-Kirche in Boldixum befindet sich links im Kirchenschiff, an der Ecke zum Nordanbau, eine weitere Confitentenlade mit drei Einwurfschlitzen für die Orte Wyk, Boldixum und Wrixum.

8 Dagebüll Mole

Das Tor zu den Inseln

Für viele fängt der Urlaub bereits einige Kilometer Luftlinie von der Insel entfernt auf dem Festland an, genauer im Hafen Dagebüll Mole, dem »Tor zu den Inseln«.

Bereits ab 1662 ist ein regelmäßiger Fährverkehr zwischen Föhr und dem Festland nachgewiesen, und mit den steigenden Gästezahlen begann 1872 der Fährbetrieb mit dem Dampfschiff »Föhr et Dagebüll« der Wyker Fährgenossenschaft. Gut ein Jahrzehnt später wurde 1885 die heutige Wyker Dampfschiffs-Reederei (W.D.R.) gegründet, mit der Sie mittels moderner Autofähren rund 13 Mal am Tag in ungefähr 50 Minuten von Dagebüll auf die Insel gelangen.

Der Reiseführer aus dem Jahr 1886 informiert, dass das Postdampfschiff »Föhr-Dagebüll« zweimal täglich verkehrt, das ganze Jahr über. Schon beachtlich! Es wird auch eine Ausflugsfahrt von Wyk nach Dagebüll empfohlen – wobei: »Dagebüll enthält wenig Sehenswertes.« Oder um es mit dem dänischen Dichter H. C. Andersen (siehe Ort 33) zu sagen, der Ende August 1844 nach Föhr reiste: »Dagebüll ist das erbärmlichste Loch auf der Erde. Unfreundliche Menschen«, notiert er in sein Tagebuch. Der Reiseführer mildert ab: »Da der Fahrpreis für die Hin- und Zurückfahrt nur 3 Mk. [Mark] beträgt und die Tour [Wyk–Dagebüll] in 3 bis 4 Stunden abgemacht ist, wird dieselbe oftmals von Kurgästen unternommen …«

2.700 Tonnen Basaltsäulen, 1.100 Tonnen Pflastersteine und 600 Tonnen Spundwandmaterial – so lautet die mengenmäßige Bilanz, nachdem die Holzbrücke von 1892 im Jahr 1952 ausgedient hatte und mit einem Kostenaufwand von einer Million Mark im Auftrag des Wasser- und Schifffahrtsamts Tönning durch eine massive »Landemole« von rund 300 Metern Länge ersetzt wurde. Um einen (fast) tideunabhängigen Fahrplan anbieten zu können, ließ die Reederei 1971 das Fahrwasser vor Dagebüll ausbaggern, und um die Jahrtausendwende erhielt der Hafen nach der Privatisierung sein heutiges Gesicht.

Adresse Dagebüll Mole, 25899 Dagebüll Mole | Öffnungszeiten Fahrplan der Fährschiffe unter www.faehre.de | Tipp Für alle, die mit dem Auto anreisen, auf der Insel aber gut auf das Auto verzichten können, gibt es in Dagebüll Mole einen Inselparkplatz. Mehr Informationen unter www.inselparkplatz.de. Direkt beim Fähranleger befindet sich ein Aussichtsturm, schwindelfrei sollte man allerdings sein.

9 Die Deichschafe

Küstenschützer auf vier Beinen

Schafe kennt man auf dem Festland hauptsächlich als Wolllieferanten, und so manches Lämmchen landet als Braten auf dem Teller, doch auf Föhr haben die Rasenmäher auf vier Beinen seit etwa 50 Jahren zusätzlich eine wichtige Aufgabe:

Rund 1.100 Mutterschafe leben samt ihren Lämmern auf dem 22,5 Kilometer langen Föhrer Deich. Als Deichpfleger sind sie ab dem 15. März bei Wind und Wetter in ihren atmungsaktiven, nässe- und schmutzabweisenden Wollpullis unterwegs, sie treten die Erde fest und stopfen dabei Mauselöcher, außerdem halten sie mit ihrem kräftigen Appetit das Gras kurz, und durch den regelmäßigen Verbiss wurzelt das Gras tiefer. Sie festigen also den Deich und leisten somit einen wichtigen Beitrag zum Küstenschutz.

Solange man Abstand hält, spielen sie als überwiegende Vertreter der Rasse Texel auch gern mal Fotomodell, grundsätzlich verrichten sie ihre Arbeit aber lieber ungestört. Deshalb sind auch Hunde unbedingt an die Leine zu nehmen. »Meiner tut nichts«, haben auch jene Hundehalter gesagt, die anschließend ein verletztes oder gar totes Schaf vor sich hatten. Auch zu ihren Besitzern, den Föhrer Deichschäfern, haben die Tiere im Sommerhalbjahr nur bei der Schur, beim Waschen gegen Parasiten und im Herbst bei der Klauenpflege Kontakt und manchmal noch, wenn ein Wechsel ihres Arbeitsplatzes notwendig ist – dann sind ein paar Handvoll Schrot das überzeugende Lockmittel. Ihr Hauptnahrungsmittel, das Gras der Salzwiesen, macht ihr Fleisch besonders schmackhaft, und so stehen sie als »Föhrer Salzwiesenlamm« auch auf mancher Speisekarte.

Mit dem »Schafe-Schubsen« hingegen kann man Leben retten. Wenn ein Deichschaf auf dem Rücken(!) liegt, dann darf man sich nähern und beherzt in die Wolle greifen, um es aufzurichten. Warum? Die korpulenten Vierbeiner kommen aus der Rückenlage nicht mehr selbst auf die Hufe und sterben an Herz-Kreislauf-Versagen.

Adresse zum Beispiel am Deich bei Achtern Diek, 25938 Wyk auf Föhr | Öffnungszeiten März–Okt. bei der Arbeit auf dem Deich – bitte nicht stören, nur aus der Ferne beobachten | Tipp Handgesponnene und handgefärbte Wolle finden Sie ebenso wie handgefertigte Strickwaren bei Heike Müller, Haus 61 in 25938 Oldsum. Weitere Informationen, auch zum Herstellungsprozess, unter www.foehrer-wolle.de.

10 Der Duell-Grabstein

oder auch: Die Treibjagd im Wattenmeer

Man erzählt, die beiden Männer aus dem österreichischen Jägerbataillon hätten sich wegen eines hübschen Föhrer Mädchens duelliert. Jedenfalls mussten beide ins Lazarett gebracht werden. Franz Tausendschön »ledigen Standes, ist am 30 July, 10 1/2 Uhr Abends in Wyk im Lazarett im Redlefsen Hotel gestorben«, so steht es auf dem Totenschein. Anton Medwescheg starb eine Woche darauf, am 7. August.

Was aber geschah am 18. Juli 1864, an den auf dem Grabstein erinnert wird? Dazu müssen wir zum 1. Februar 1864 zurückgehen, als sich der Deutsch-Dänische Krieg an der »Novemberverfassung« entzündete. Der dänische König war zugleich Herzog von Schleswig und wollte sein Herzogtum enger an das Königreich binden. Das wollte Preußen mit Österreich als Verbündetem mit einem Krieg verhindern.

Auf Föhr war der gefürchtete Kapitänleutnant Hammer der verlängerte Arm der dänischen Kriegsleitung. Er hielt die Inselbevölkerung mit Schlägen und Verhören in Schach, wie sich die Föhrerin Emilie Göttmann 1914 lebhaft erinnert. Er machte Gefangene und erklärte den Wyker Hafen zum Hauptstützpunkt, um die nordfriesische Inselwelt vor feindlichen Angriffen zu schützen. Dennoch musste Hammer am 18. Juli 1864 aufgeben, allerdings tat er das nicht kampflos. Höchstwahrscheinlich wurden die beiden Österreicher bei der sogenannten »Treibjagd im Wattenmeer« verletzt – aber ein Duell um ein Föhrer Mädchen klingt natürlich abenteuerlicher.

Die Gedenkfeier am 10. April 1938 am Grab der beiden Soldaten sollte aus heutiger Sicht eine Mahnung sein, da sie aus Anlass des »abgelegten überwältigenden Bekenntnisses Großdeutschlands zu unserem Führer« abgehalten wurde. Man ehrte die beiden Soldaten als rühmliches Beispiel dafür, ihr Leben im Krieg gelassen zu haben. Auf der Kranzschleife stand: »Von der Etsch bis an den Belt – Ein Volk, ein Reich, ein Führer.« Da fehlen heute die Worte.

Adresse Friedhof St. Nicolai, Kirchweg, Grab nahe Westeingang, 25938 Wyk auf Föhr (Boldixum) | Öffnungszeiten tagsüber zugänglich | Tipp Im Eingang zum Norderschiff hängt eine geschnitzte Tafel mit den Namen der Kriegsgefallenen des Deutsch-Dänischen Kriegs aus dem Jahr 1864.

11 Das Elefanten-Haus

Von Elefantenflaggen und großer Liebe auf Föhr

Noch vor 30 Jahren trug das Haus die Aufschrift »Haus Andreasen«, der Name Elefanten-Haus ist nie in den allgemeinen Sprachgebrauch eingegangen, und so sind heute die Spuren zu Josias Andreasen (1817–1892) verwischt, der einst unter der Elefantenflagge segelte.

Elefantenflagge? Ja, die siamesische Nationalflagge zeigte einen weißen Elefanten auf rotem Grund und zierte alte siamesische Rahsegler, die in Europa für seeuntauglich erklärt worden wären. Taifune, Piraten, subtropisches Klima und hohes Konfliktpotenzial aufgrund der gemischten Schiffsbesatzungen aus Chinesen, Siamesen, Malaien und Europäern – unter diesen Bedingungen fuhr der auf der dänischen Halbinsel Rømø geborene Kapitänssohn Josias Andreasen, der seinen Vater früh verloren hatte und auf der Insel Ameland aufgewachsen war. Erfahrene dänische Kapitäne auf siamesischen Schiffen waren jedoch keine Seltenheit, und so fuhr Andreasen zuletzt als Kapitän zwischen Bangkok, Hongkong und der Südostküste Chinas.

Mit 60 Jahren wollte er sich 1878 als wohlhabender Mann mit 25.539,51 Reichsmark auf der hohen Kante zur Ruhe setzen. Doch wo? Er besuchte zunächst die Witwe seines Vetters Michelsen, der einst von Ballum nach Föhr gezogen war. »Wo haben Sie Ihre Frau kennengelernt?« »Auf dem Friedhof in Boldixum.« Klingt lustig, aber dort begegnete er tatsächlich zum ersten Mal der 23 Jahre jüngeren Christine Marie Christiansen, die das Grab von ihrem Onkel Ketel Boysen und ihrer Tante Hanna pflegte. Von ihnen hatte sie das 1842 erbaute Reetdachhaus mit offenen Veranden am Sandwall 9 geerbt, das wie durch ein Wunder bei den beiden Stadtbränden unversehrt geblieben war.

Dort zog Andreasen nach der Heirat am 9. März 1880 ein, sieben Zimmer wurden an Feriengäste vermietet, er liebte den Blick aufs Meer und wurde noch Vater von drei Söhnen, wobei sein zweitgeborener Sohn mit fünf Jahren an Scharlach verstarb.

Adresse Sandwall 9, 25938 Wyk auf Föhr | Öffnungszeiten nur von außen zu besichtigen | Tipp Zahlreiche Gegenstände, die Josias Andreasen von seinen Reisen mit nach Föhr brachte, sind als umfangreicher Nachlass im Friesen-Museum Wyk ausgestellt.

12 Der Endell-Gedenkstein

Ein Architekt als Autodidakt

Aus gutem Grund befindet sich der 1991 enthüllte Gedenkstein aus der Hand des Föhrer Steinmetzen Marcus Thiessen im Nordsee-Kurpark (siehe Ort 67) und zudem nur einen Steinwurf vom Gedenkstein Gmelins (siehe Ort 26) entfernt: Dank des Fortschrittsgeists von Endell und Gmelin entstanden auf diesem Gebiet im Jahr 1898 europaweit bedeutende Jugendstilbauwerke.

Der Schwabe und Arzt Dr. Carl Gmelin (1863–1941) hatte, seiner Vision einer neuartigen Heiltherapie folgend, ein günstiges Grundstück am Südstrand für den Bau eines Sanatoriums erworben. Der kaum 30-jährige Berliner August Endell (1871–1925), ein ambitionierter Autodidakt, der noch als Architekt berühmt werden sollte, lieferte die Entwürfe für Gmelin, den er über den gemeinsamen Freund Dr. Weidner kennengelernt hatte. Sein Auftraggeber Gmelin durfte gern ein »eingeschränktes Budget« haben, wenn er sich nur architektonisch »austoben« durfte. Vorgesehen war eine »Anlage von etwa 10 bis 12 Gebäuden, die, durch unterirdische Gänge verbunden, windgeschützte Gärten abteilen sollten«. Endell war bis 1903 häufig vor Ort und übernahm zeitweilig die Bauleitung. Einen Teil seiner Bezahlung ließ er sich sogar mit einer Kur für seine Ehefrau abgelten.

Heute werden seine Bauwerke als »Inkunabeln der Jugendstilarchitektur« bezeichnet, bei den Insulanern sorgte er damals für Kopfschütteln. Seien es der 18 Meter hohe First und das asymmetrische Dach des Küchenhauses, das Krüppelwalmdach des Wohnhauses, ein tief herabgezogenes Dach oder die neuartige Bedachung des Motorhauses, für deren Typus es noch gar keinen Namen gab – und zudem, oh Graus!, Licht- und Luftbäder der Kurgäste im Adamskostüm. Was für eine Schande!

Erst 1976 wurde der Kurbetrieb des Nordseesanatoriums eingestellt, und nach langem Kampf musste das zwischenzeitlich denkmalgeschützte Ensemble 1991 nahezu vollständig der Abrissbirne weichen. Ja, was für eine Schande!

Adresse im Nordsee-Kurpark, Zugang über den August-Endell-Weg, der direkt dorthin führt, 25938 Wyk auf Föhr | Öffnungszeiten immer zugänglich | Tipp Das von August Endell entworfene Haus Otto mit ungewöhnlicher architektonischer Gestalt befindet sich noch im Ginsterweg 5 am Rand des Kurparks und kann von außen besichtigt werden, es stehen jedoch auch Ferienwohnungen im Haus zur Verfügung.

13 Das Erdbeerparadies

Vom Gartenlokal zur ersten Diskothek auf Föhr

Der Lehrer Hans Rambach-Peters (1836–1924) war ein Tausendsassa. Er war Schmied, Schulmeister, Imker mit großer Bienenzucht, Autor und nicht zuletzt Erdbeerzüchter. Da wunderte sich wohl niemand mehr, als er 1898 am Rand seines rund 5.000 Quadratmeter großen Erdbeerfelds auch noch ein Ausflugs- und Gartenlokal gründet. Aber kaum einer hätte geglaubt, dass es über 120 Jahre später noch existiert und zu einem Kultlokal geworden ist.

Am 16. Februar 1904 wird das Erdbeerparadies an Gustav Schuldt verpachtet, der die Räumlichkeiten renoviert und die Gartenwirtschaft weiterbetreibt. 1922 tritt ein neuer Pächter auf den Plan, 1935 erfolgt der Veranda-Umbau. In den 1960er Jahren dann der Ausbau mit Saalvergrößerung und Bühnenanbau, da das Konzept mit Livebands großen Anklang findet. In den 1970ern gaben sich nicht nur bekannte Deutschrock-Gruppen die Klinke in die Hand, auch Otto Waalkes war zu Gast – Hilke und Klaus-Peter Lohse bewiesen immer das richtige Händchen bei der Auswahl der Events. 30 Jahre lang zogen sie fast jeden Abend – auch im Winter – Föhrer und Gäste wie mit dem Magnet ins Erdbeerparadies. Viele verlebten in »ihrem E. P.«, in der »Discothek Erdbeerparadies E.P.«, wie es bald auf T-Shirts gedruckt wurde, ihre Jugend.

Im Mai 2003 führten Helga und Michael Stehr das Kultlokal zu weiterem Erfolg, Föhrer Musiker und internationale Künstler betraten die Bühne, dazu gab es legendäre Discoabende. Doch 2019 musste der Saal einer Gärtnerei weichen, im vorderen Bereich wird das Erdbeerparadies aber als Kneipe mit beliebtem Konzept weitergeführt. Das Erdbeerparadies lebt – und wie! Um 1900 gab es sogar Postkarten mit Ansichten vom Erdbeerparadies. Eine davon ist uns erhalten geblieben. Auf den ersten Blick zeigt die Karte ein biederes Gartenlokal mit Klappstühlen, doch nebst zahlreichen Unterschriften einer illustren Reisegruppe ist dort als Gruß zu lesen: »Die Karte hat immer im Punsch gelegen, hatten sehr viel Spaß.«

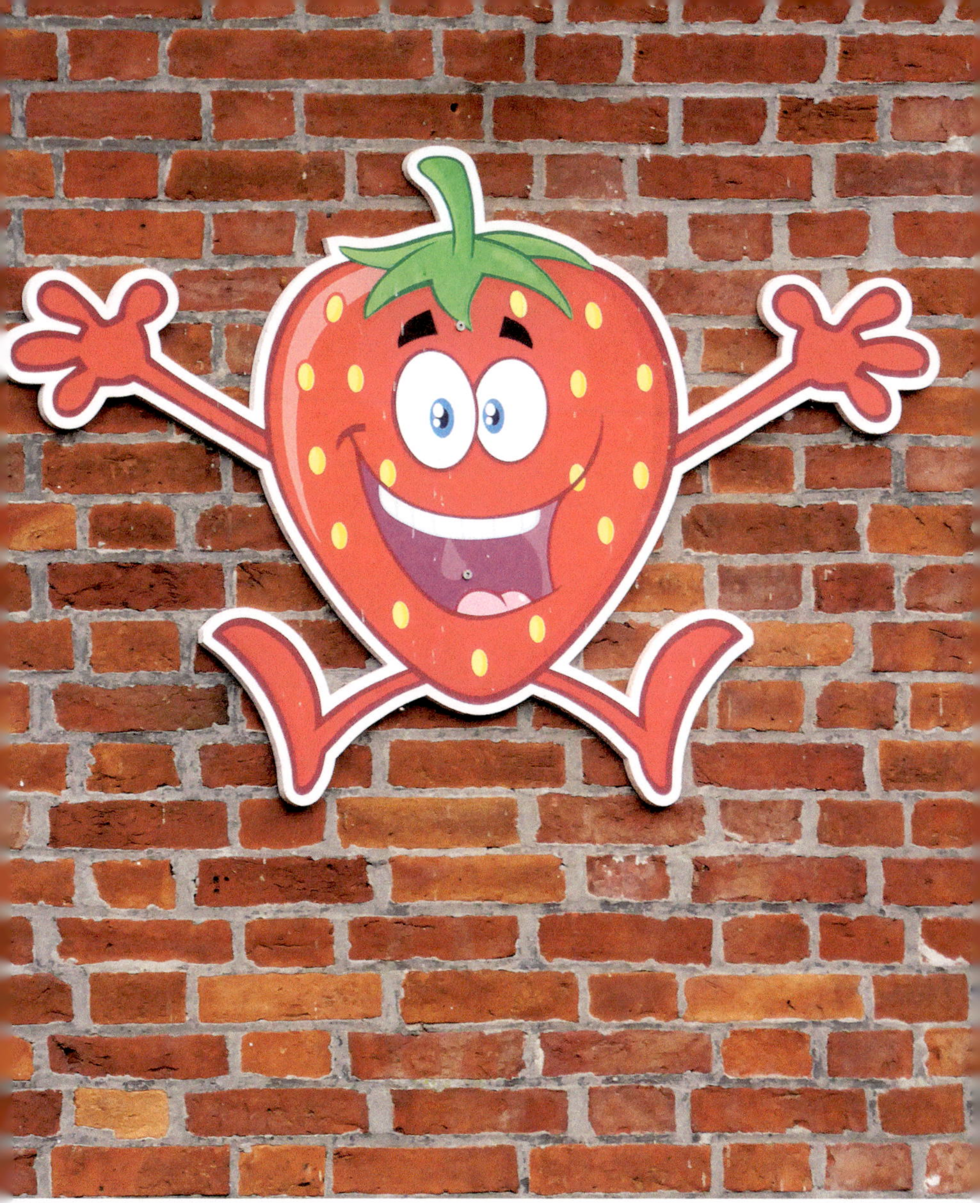

Adresse Ocke-Nerong-Straße 29, 25938 Wyk auf Föhr | Öffnungszeiten So–Do 17–1 Uhr, Fr, Sa 19–3 Uhr, weitere Infos unter Tel. 04681/7468988 und https://erdbeerparadies-auf-foehr.de und auf der Facebook-Seite | Tipp Wussten Sie schon, dass auf dem flachen Eiland erfolgreich Wein angebaut wird? Wenn man hinter Wrixum Richtung Oevenum abbiegt, befindet sich dort ein kleiner »Weinberg« auf einer ebenen Fläche. Unglaublich, aber erfolgreich! Halten Sie Ausschau, Sie finden noch weitere Weinanbauflächen auf Föhr. Die fertigen Produkte und mehr gibt es im Weinhaus am Meer, Koogskuhl 3, 25938 Wyk auf Föhr und online zu erwerben.

14 Die Feuerglocke

Historischer Signalgeber mit Multifunktion

In der Nacht vom 26. auf den 27. Juni 1796 fielen in Nieblum 23 Häuser einer Feuersbrunst zum Opfer – die Dorfbewohner hatten das Unglück schlicht verschlafen. Nur vier Kilometer entfernt saß den Oevenumern der Schreck so sehr in den Gliedern, dass sie sich kurz darauf, am 12. Juli, im Schulhaus zu einer Versammlung trafen und die Anschaffung einer Glocke beschlossen, die bei Brandfällen auch zur Warnung der Einwohner dienen sollte. Zusätzlich sollte sie bei Beerdigungen und zum Schulbeginn geläutet werden.

Gesagt, getan – nein, ganz so einfach war es nicht. Denn Glocken waren teuer, die im Dorf durchgeführte Sammlung erbrachte nicht das gewünschte Geld, und so wurde es am Ende eine Glocke aus Amsterdam, »von schwedischem Metall und halbschlissen«, also gebraucht. Der Wyker Schiffer Martens brachte sie nach Föhr, und der Zimmermann Jan Nahmens setzte sie »bei kostenloser Wagenfuhr und freiwilligem Handdienste der anderen« aufs Dach des Schulhauses. Allerdings noch auf das Vorgängergebäude, denn die heutige Schule wurde »erst« 1850 errichtet.

Kaum hing die Glocke provisorisch in ihrem Holzgestühl, da gab sie am Sonntag, den 30. Oktober 1796, zum ersten Mal zwei Toten mit getragenem Geläut das letzte Geleit zum Friedhof. Den Kindern hat die neue Glocke weniger gefallen, denn seit dem 16. November 1796 mussten sie pünktlich zum Unterricht erscheinen, sehr zur Freude ihres Lehrers Arfst Hansen: »Da sonsten die Schule zu keiner bestimmten Zeit angefangen wurde, so mußten die zu frühe kamen, draußen in der Kälte stehen und von diesen Kindern also nur Unfug getrieben wurde. Die aber zu späte kamen, verursachten eine Unordnung in der Schule.« Bis 1956 gab es die Schule in Oevenum. Die Utersumer Schulglocke fand sich übrigens 1950 eingestaubt auf einem Dachboden und wurde vom Kunsthistoriker Ernst Schlee nach Schloss Gottorf ins Landesmuseum gebracht.

Adresse Karkenstieg 2, 25938 Oevenum | Öffnungszeiten jederzeit von außen zu besichtigen | Tipp Im alten Schulhaus kann man übernachten, es wurde zum hübschen und modernen Ferienhausdomizil umgebaut.

15 Fiete Föhr

Ein gut gelaunter Gruß am Hafen

Die Skulptur steht als fröhliches Maskottchen auf einer kleinen Anhöhe beim Hafenamt mit bestem Blick über den Hafen (siehe Ort 35) und grüßt selbst bei Schietwetter mit unverdrossenem Lächeln und erhobenem Arm die ankommenden Gäste. Bei so einer netten Geste lächelt man unwillkürlich zurück, und manch einer grüßt mit einem »Moin«.

Erfinder der des »Fiete Föhr« ist Lutz Ermert aus Borgsum, der sein Brot keineswegs als Künstler verdient, doch aus der Feder des Hobbyzeichners stammen Figuren wie der Ritter Lembeck oder das friesische Mädchen mit einem Büstenhalter aus Kokosnüssen und Baströckchen.

Im November 1998 beschloss der Hafenausschuss von Wyk, aus dem Stamm einer abgestorbenen Ulme die Skulptur schnitzen zu lassen. Eine tolle Idee, doch warum ausgerechnet aus einer Ulme? Dazu müssen wir rund 200 Jahre in der Geschichte zurückgehen. Am 26. Oktober 1819 erbittet der Landvogt von Colditz von König Friedrich VI. in einem Brief »Allerhöchstdero allergnädigste Unterstützung zu den beabsichtigten Anpflanzungen mit etwa 1.000 Stück junger Bäume …« – unentgeltlich, da das neu gegründete Seebad nicht über die Mittel dafür verfügte. Und tatsächlich, am 25. Dezember erfolgte die »Überweisung von 1.000 jungen Bäumen aus dem königlichen Forst zur Anpflanzung um das Bad«.

1994 waren zahlreiche Ulmen vom Ulmensplintkäfer befallen und mussten gefällt werden. Daher also das Werkmaterial. Der Flensburger Holzbildhauer Heinrich Oettinger machte sich an die Arbeit, im April 1999 konnte Fiete Föhr aufgestellt werden. Bereits sieben Jahre später hatte die Witterung der hölzernen Figur stark zugesetzt. Wasser war vom Sockel weit in den Stamm hineingezogen und hatte die Skulptur von innen erheblich zerstört. Eine Instandsetzung wäre zu aufwendig gewesen, also fertigte Heinrich Oettinger eine neue Figur, die 2007 aufgestellt wurde – dieses Mal aus Eichenholz.

Adresse auf der Plattform zwischen Hafenstraße und Strand, 25938 Wyk auf Föhr | Öffnungszeiten immer zugänglich | Tipp Eine weitere Skulptur von Heinrich Oettinger finden Sie im 2015 eingerichteten Gedenkwald für »Verwaiste Eltern und trauernde Geschwister Schleswig-Holstein e.V.«, zwischen den sogenannten Himmelsbäumen, unweit der »Löwenhöhle« im Wyker Wäldchen. Die Skulptur mit Schmetterlingen wurde aus einem Dalben des Wyker Hafens geschnitzt.

16_Der Fischmarkt

Sonntägliches Vergnügen mit Tradition

Der erste Fischmarkt auf Föhr fand 1987 auf der Ostkaje des Wyker Binnenhafens statt und hat sich in den vergangenen drei Jahrzehnten zu einem sonntäglichen Ereignis entwickelt, zu dem auch viele Tagesgäste von den Nachbarinseln und dem Festland kommen. Kein Wunder, bei der schönen Atmosphäre entlang den Krabbenkuttern und Segelschiffen und der Vielzahl an Angeboten. Es gibt – anders als der Name es vermuten lässt – wahrlich nicht nur Fisch zu kaufen, sondern auch eine bunte Auswahl an handgemachten Föhrer Produkten. Keramikartikel, Wolle und Filzarbeiten, Marmelade und Wurstwaren, Schmuck und Kunsthandwerk, Spielsachen und maritime Artikel – an einem der rund 50 Stände ist bestimmt das richtige Souvenir dabei. Andernfalls werden Sie hinter den traditionellen Marktständen auf dem ursprünglichen Flohmarkt fündig, wo Kinder ihre Decken mit Spielsachen ausbreiten und Erwachsene ihre Dachbodenschätze anbieten.

Der Fischmarkt lädt zum Bummeln und Verweilen ein, deshalb muss irgendwann eine Stärkung her – zum Beispiel die klassische Bratwurst. Aber warum nicht mal ein Fischbrötchen probieren, wenn man schon da ist? Der WWF veröffentlicht übrigens regelmäßig aktualisiert einen Fischratgeber, welche Fischbestände bedenklich schrumpfen und bei welchen Arten man ohne Reue ins Fischbrötchen beißen kann – und das gilt zum Glück für den Hering aus der Nordsee. Wenn Sie nun allerdings ein Heringsbrötchen kaufen möchten, ernten Sie vom Verkäufer in der Fischbude ein ratloses Schulterzucken. Welcher Hering soll es denn sein? Der in Salz gegarte und in Öl eingelegte Matjes, der süßsaure Bismarck oder der herzhafte Brathering? Nachdem Sie sich erfolgreich durch den Fisch-Dschungel gekämpft haben, sind Sie dank des Besuchs auf dem Fischmarkt garantiert um einiges Wissen, eine kulinarische Erfahrung und so manches hübsche Föhr-Souvenir reicher.

Adresse Am Hafen, 25938 Wyk auf Föhr | **Öffnungszeiten** in der Saison So 10–15 Uhr, bitte beachten Sie aktuelle Hinweise zu Durchführung von Veranstaltungen | **Tipp** Der Oevenumer Bauernmarkt ist eine Attraktion und findet in den Sommermonaten jeden Donnerstag statt. Bummeln und Genießen ist das Motto, es gibt kulinarische Köstlichkeiten und handgefertigte Schätze zu entdecken. Samstags ist von 10 bis 14 Uhr Oevenumer Kreativmarkt. Bitte beachten Sie aktuelle Hinweise zur Durchführung von Veranstaltungen.

17 Der Flugplatz

Einer der ältesten in Schleswig-Holstein

Wer hätte gedacht, dass der Föhrer Flugplatz zu den ältesten in Schleswig-Holstein gehört und bereits 1926 gegründet wurde? Zum Vergleich: Der Flughafen Hamburg wurde 1911 eröffnet. Erste Linienflüge nach Föhr mit der Lufthansa gab es bereits in den 1930er Jahren, und am 3. Juni 1960 wurde der »Lufttaxi-Dienst Hamburg–Föhr« eröffnet. Die erste Do 27 landete um 9.55 Uhr auf dem Flugplatz Wyk-Südstrand, berichtet der Insel-Bote. »Bei herrlichstem Flugwetter hatte die Maschine unter Flugzeugführer Schreiber den Flug von Fuhlsbüttel nach Wyk in 49 Minuten zurückgelegt.« Nur acht Wochen später entstieg eine 92-jährige Dame dem Lufttaxi. »Man muss alles einmal erlebt haben«, sagte Sophie Feddersen der Zeitung, denn die Urgroßmutter hatte kurzerhand beschlossen, für einen Tag ihre Verwandten auf Föhr zu besuchen.

Am 22. Juli 1934 fand ein Großflugtag statt, bei dem zwei neue Segelflugzeuge feierlich getauft wurden – auf die Namen »Minister Göring« und »Staatssekretär Milch«. Was man heute kaum glauben kann, war nur eines der Zeichen der Nationalsozialisten bei dieser Propagandaveranstaltung.

Kaum bekannt ist, dass der gebürtige Föhrer Friedrich Christiansen (1879–1972) nicht nur der erste Flieger der Insel war, sondern als Kapitän des Flugboots Do-X berühmt wurde und mit zahlreichen Orden behängt war. Am 21. Juni 1914 steuerte er das erste Flugzeug, das auf einer Föhrer Wiese landete. Am 1. August 1932 lag er mit der Do-X umjubelt bei der Mittelbrücke auf Reede. Nach dem Zweiten Weltkrieg erlangte er als Kriegsverbrecher traurige Berühmtheit, seine Wyker Ehrenbürgerschaft wurde ihm dennoch nicht aberkannt, und erst 1980 erhielt die nach ihm benannte Straße ihren alten Namen »Große Straße« zurück.

Heute wird der Föhrer Verkehrslandeplatz von Kleinflugzeugen, dem Krankenhaus Wyk und der Gesellschaft Westküstenflug für Rund- und Charterflüge genutzt.

Adresse Am Flugplatz 18, 25938 Wyk auf Föhr | **Öffnungszeiten** Café Restaurant in der Saison Mi–Mo warme Speisen 11.30 – 14 Uhr und 17 – 20 Uhr, Kuchen, Torten, Milchreis und selbst gebackene Waffeln 14 – 17 Uhr; außerhalb der Saison abweichende Öffnungszeiten beachten. Weitere Infos Flugplatz unter Tel. 04681/5504, Restaurantreservierung Tel. 0175/8007573 und www.flugplatz-wyk.de | **Tipp** Wer nicht fliegen und trotzdem schnell vorankommen will, der besucht gleich nebenan die E-Kartbahn, ab neun Jahre und einer Größe von 1,40 Metern. Mehr Informationen unter Tel. 04681/ 9929829 und www.foehrring.de.

18 Der Flutmarkenpfahl

Große Sturmfluten auf Föhr

Wollte man alle Sturmfluten auf Föhr seit der ersten großen Mandränke 1362 (siehe Ort 32) am gut vier Meter hohen Flutmarkenpfahl verzeichnen, hätten dort längst nicht alle Markierungsringe Platz. Zwar errichteten die Insulaner im 15. Jahrhundert erste Deiche – aber gegen viele Fluten waren sie bis in unsere Zeit hinein machtlos. Zuletzt wäre es 1990 in Dagebüll fast zu einem Deichbruch gekommen, und viele Föhrer erinnern sich noch an die Sturmflut vom 16./17. Februar 1962, als das Wasser die Uferschutzmauer beschädigte und meterhoch über das Hafengelände bis nach Wyk hineinlief. Daraufhin wurde 1965/66 der Wyker Hafenwall mit dem Stöpe-Tor (siehe Ort 92) gebaut.

Aus den Provinzialberichten erfahren wir mehr über die schreckliche Nacht vom 3. auf den 4. Februar 1825, die der oberste Ring im Pfahl mit knapp vier Metern markiert. Häuser wurden zerstört, Mauerreste fanden sich noch über 100 Jahre später im Nieblumer Watt. Ein weiterer Bericht beleuchtet die Ausmaße: »Die See stürzte sich ins Land und überschwemmte die ganze Marsch, wie auch einen bedeutenden Teil der Geest auf Westerlandföhr und stieg bis in die Wohnungen der Dörfer zu einer Höhe der Flut von 1717. Um 5 Uhr morgens hatte die Westsee eine Höhe von 14 bis 17 Fuß [rund 4 bis 5 Meter] über der Marschfläche erreicht und Besitz von etwa Dreiviertel der ganzen Insel genommen.«

1825 bereiste der dänische König Frederik VI. die Insel Föhr, um sich ein Bild von den Schäden zu machen. Er gewährte großzügige Hilfen, auch für die nach Föhr geflohenen Halligbewohner. Die Insulaner errichteten ihm ein Denkmal, das Monument (siehe Ort 62).

Denkwürdig ist jedoch auch eine Bemerkung über Föhr in den Provinzialberichten von 1826: »Möchte nur durch die Badeanstalt keine Neuerungs- und Modesucht nach unserem einfachen Insellande verpflanzt werden! Wahrlich, die fürchten wir mehr als eine Sturmflut.«

Adresse Hafenstraße, 25938 Wyk auf Föhr | **Öffnungszeiten** jederzeit von außen zu besichtigen | **Tipp** Gleich nebenan finden Sie den sehenswerten Traditionssegler »Ronja« im Binnenhafen, vom Flensburger Bootsbauer John von Eitzen selbst gebaut. Buchen Sie Segeltörns mit unterschiedlicher Dauer. Informationen und Buchung bei Ronja e. V., John von Eitzen, Tel. 0170/4424292, www.pfahlewer.de. Hinzu kommt der Frachtensegler von 1896, die »Labor Sanitas«, mit unterschiedlichen Ausflugsprogrammen, auch zu den Seehundsbänken. Informationen und Buchung bei Ronja e. V., Katja Wendt, 0176/70083379, www.laborsanitas.de.

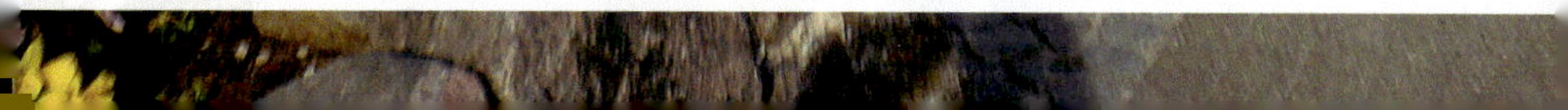

19 Das Föhrer Adventure Golf

Spielerisch die Insel kennenlernen

Minigolfbahnen findet man in Deutschland wie Sand am Meer, aber einen Abenteuer-Golfplatz, wo man zugleich spielerisch – im wahrsten Sinne des Wortes – etwas über Land und Leute und die Geschichte der Insel lernen kann, den gibt es nur auf Föhr seit 2019 in Borgsum-Feld.

Auf der gepflegten Anlage mit 18 ungewöhnlichen Bahnen spielt man den Golfball nicht nur über Kunstrasen, sondern auch mal kurzerhand durch einen Bachlauf, eine Nachbildung der Godel (siehe Ort 27). Die Wartezeit vertreibt man sich mit einem großen Floß, auf dem man sich zwischen Festland und Insel hin- und herzieht, dann besteigt man die Lembecksburg (siehe Ort 51), die sich als hübsch bemalter ehemaliger Güllebehälter entpuppt, und erfährt nebenbei Wissenswertes über ein archäologisches Denkmal aus der Wikingerzeit – inklusive Ausblick auf die echte Lembecksburg, versteht sich. In der Vogelkoje (siehe Ort 104) stehen große Holzenten als Hindernisse im Weg, und am Ende unternimmt man auf Bahn 18 noch eine kleine Reise durchs Wattenmeer und schlängelt sich dabei wie ein Schiff zwischen Pricken durch. Pricken sind übrigens jene Markierungen, die aus dem Meer herausragen, als hätten ein paar Hexen ihre Besen in den Wattboden gerammt.

Nach dem Spiel kann man sich mit warmen Snacks, Eis oder Kuchen frisch vom örtlichen Bäcker stärken. Wer den Kindergeburtstag dort verbringt, bekommt Wasser und Apfelsaftschorle kostenlos, die eigene Torte darf auch mit im Gepäck sein.

Haben die Kids vom Spielen noch nicht genug, so stehen ihnen ein Spielplatz mit Sandkuhle, ein Trampolin sowie in der Scheune Tischtennis, Airhockey und Kicker kostenfrei zur Verfügung. Scheune? Na klar. Schließlich befinden wir uns auf dem 1954 erbauten Aussiedlerhof der Familie Martens, der bis 2014 im Vollerwerbsbetrieb geführt wurde. Wo Sie heute Minigolf spielen, liefen früher Kühe, Kälber und Schafe über die Hausweide.

Adresse Borgsum-Feld 2, 25938 Borgsum | Öffnungszeiten Ab Osterferien geöffnet, Juli, Aug. täglich 11–19 Uhr, ansonsten wechselnde Öffnungszeiten, siehe Homepage. Weitere Infos unter Tel. 0174/3517656 (nur während der Öffnungszeiten) und Tel. 04683/963182 und www.adventuregolf-foehr.de | Tipp Gleich nebenan befindet sich von Juli bis September das Maislabyrinth, ein herrlicher Spaß für die gesamte Familie. Der rund 3,5 Kilometer lange Weg führt jedes Jahr durch ein neues Föhr-Motiv, was eigens entworfen wurde und als Luftaufnahme besonders zur Geltung kommt. Weitere Infos unter www.adventuregolf-foehr.de/maislabyrinth.

20 Der Föhrer Snupkroom

Ein Paradies für Naschkatzen

Ein Bonbonladen wie bei Pippi Langstrumpf – das war der Traum von Enken Brodersen. Im November 2012 dann der Glücksgriff: Enken Brodersen erwarb eine über 100 Jahre alte Bonbon-Walzmaschine, gefertigt von Thomas Mills & Brothers. Der Verkäufer reiste höchstpersönlich aus Süddeutschland an, um das historische Schätzchen seiner neuen Besitzerin in Dagebüll zu übergeben.

Seither wird in der Bonbonmanufaktur vormittags gekocht, geknetet, gezogen, in Bonbongröße geschnitten und gewalzt. In dem kleinen Naschwerk werden Muster, maritime Symbole oder bei den Neujahrsbonbons die Jahreszahl sichtbar – das ist Handwerk in höchster Perfektion in einem Familienbetrieb. Kein Wunder, vergisst man als Besucher die Zeit vor der verglasten Front – dabei wollte man doch jede Menge »Snupkroom«, Naschkram auf Friesisch, kaufen, und die Auswahl ist groß. Aber solange Sie nicht gleich wie Pippi Langstrumpf 18 Pfund mitnehmen, brauchen Sie auch nicht vier Liter »Meduzin« aus der Apotheke.

Am laufenden Meter – im wahrsten Sinne des Wortes – lässt sich das Team neue Kreationen einfallen. Ein Paradies aus bunt gefüllten Gläsern und Tütchen für Naschkatzen und Fans regionaler Produkte mit ständig wechselndem Angebot, darunter die Honigbonbons aus Föhrer Honig, Meersalzkaramell, die Föhrer Blumenwiese in den Geschmacksrichtungen Honig, Rose, Zitrone-Salbei und Wildapfel sowie die Bonbons mit Mühlensymbol, die gegen eine Spende für den Wrixumer Mühlenverein zum Wiederaufbau der Mühle (siehe Ort 111) erworben werden können. Zudem sind auch zuckerfreie Bonbons erhältlich sowie schön verpackte Präsente für alle, die im doppelten Sinne süße Geschenke machen wollen. Besonders pfiffig sind übrigens die Lakritzbonbons oder Erdbeerzuckerstangen, die man mit Wodka oder Korn übergießen kann – zwei Tage stehen lassen, und fertig ist der Likör für einen lustigen Abend voller Föhr-Erinnerungen.

Adresse Wohlackerum 2, 25938 Oevenum | **Öffnungszeiten** Mo–Fr 10–17 Uhr, Sa 12–14 Uhr; weitere Infos unter Tel. 04681/7462138 und https://foehrersnupkroom.de | **Tipp** Unternehmen Sie eine Schlemmerpartie per Fahrrad. Auf einer 34 Kilometer langen Strecke fahren Sie von Ort zu Ort und entdecken bei 14 Stationen kulinarische Köstlichkeiten und Föhrer Produkte. Der Föhrer Snupkroom ist eine Station davon. Die Route zum eigenständigen Erkunden finden Sie unter www.foehr.de/schlemmerpartie zum Download.

21 Das Fontane-Haus

»Nur das Wetter hat es nicht gut mit mir gemeint«

»Maurer, Maler, Anstreicher, Tapezierer treiben mich aus dem Hause; Emilie bleibt zurück, um alles zu überwachen.« Gründe genug für den Schriftsteller Theodor Fontane (1819–1898), sich im August 1891 von Berlin nach Föhr (»mir eine Neuigkeit«) zu begeben, wo ihn sein Freund Georg Friedlaender nebst Schwägerin erwartet, die »sehr nett, aber fabelhaft häßlich geworden« ist. Hingegen gefällt ihm Wyk schon bei seiner Ankunft am 8. August 1891 sehr gut, »alles sehr anmuthig, solide, nicht theuer«, und so ist die Lage der Privatpension »Haus Lolly« mit Meerblick am Sandwall perfekt.

Das Haus gehört dem langjährigen und verdienten Ratsmann Jürgen Lolly. Dessen Ehefrau Jenny übernahm übrigens 1920 den Vorsitz des 1883 gegründeten Wyker Frauenvereins. Was sie wohl dazu gesagt hat, dass Fontane seine Frau im Renovierungschaos allein ließ? Zur Rechtfertigung brachte Fontane vor, keineswegs nur Urlaub zu machen. »Die Tage vergehen im Gleichmaß; erst kurz nach 9 Uhr auf, von 12 bis 2 Uhr gearbeitet, um 3 ½ zu Tisch, dann bis 5 Uhr in meiner Wohnung Zeitung gelesen, dann eine Plauderstunde beim Kaffee und dann wieder nach Hause, um bei Thee und Schinken den Tag zu beschließen.«

In der Pension fühlt er sich sehr wohl: »Das Bild von meinem Fenster aus ist nach wie vor entzückend, die breakers, die ihren Schaum ans Ufer rollen, die Boote, die Möven, die auf dem Wasser tanzen, und zahlreiche Kinder in roten und weißen Kappen, die am Strand ihre Festungen bauen«, hält er am 27. August 1891 in einem Brief an seine Ehefrau Emilie fest und unterschreibt mit »Wie immer Dein Alter«.

Alles ist wundervoll, fast alles. »Es ist ein sehr angenehmer Aufenthalt, ohne alles Häßliche und sonst Störende, nur das Wetter hat es nicht gut mit mir gemeint.« Es kommt, wie es kommen muss, der empfindliche Dichter fängt sich eine satte Erkältung ein und reist vorzeitig ab.

Adresse Sandwall 32, 25938 Wyk auf Föhr | **Öffnungszeiten** nur von außen zu besichtigen | **Tipp** Im Haus befindet sich heute die Fotogalerie der Fotografenmeisterin Ane Ingwersen. Dort gibt es exklusive Poster und Plakate, Kameras und Zubehör sowie ein Fotostudio, in dem auf Wunsch auch Sofortbilder möglich sind. Außerdem besitzt Ane Ingwersen Tausende historischer Inselaufnahmen, die auch als Postkarten erworben werden können. Da ist auch etwas aus der Zeit dabei, als Fontane auf Föhr weilte.

22 Das Friesen-Museum

Wie ein schwäbischer Arzt ein Museum auf Föhr gründet

»Menschenskind, was haben Sie denn da?« Da der schwäbische Arzt und Heilklimatologe Dr. Carl Häberlin seit 1902 in Wyk praktizierte, könnte man glauben, er beziehe sich damit auf eine Krankheitserscheinung. Doch weit gefehlt. Der Ausruf war seinen Zeitgenossen wohlbekannt, denn auf seinen Krankenbesuchen hatte er stets auch ein Auge für altes friesisches Heimatgut, das den Föhrern oft genug wertlos und unbedeutend erschien. Mit Fering, der Sprache der Insulaner, hatte der Schwabe große Probleme, und doch gewann er das Vertrauen der alten Einwohner, als sie verstanden: »Dieser Mann hat unser Land und seine Menschen kennengelernt wie kein zweiter. Und er hat sie lieb gewonnen wie kein zweiter.«

So wurde er gleich in seinem ersten Inseljahr Vorsitzender des »Naturwissenschaftlich-kulturhistorischen Vereins auf der Insel Föhr«, der für 2.500 RM das Krebs'sche Haus im heutigen Georg-Reimers-Weg als ersten Ausstellungsort kaufte. Doch das Museum platzte bald aus allen Nähten, und so wurde am 6. Dezember 1906 beschlossen, ein eigenes Haus zu bauen.

Heute umfasst das Museum Erdgeschichte und Archäologie, als Highlight eine 9.000 Jahre alte Knochenharpune, es folgen die Seefahrerabteilung, die Geschichte des 1819 gegründeten Seebads Wyk, Föhrer Trachten, handwerkliche Gerätschaften, Baukultur und das Thema Auswanderung. Im vielfältigen Museumsgarten sind 100 alte Rosensorten zu bestaunen, außerdem sind allein schon das Haus Olesen von 1617 (siehe Ort 39) und die Midlumer Scheune einen Besuch wert.

In der Scheune hat auch der Unterkieferknochen eines Blauwals Schutz gefunden, der bis 2003 den Haupteingang des Museums markierte. Er stammt aus dem Jahr 1938 und war ein Geschenk des Hamburger Walfang-Kontors.

Am 1. April 1927 verlieh man dem Museum den Namen seines wichtigsten Mannes, der an diesem Tag sein 25-jähriges Ortsjubiläum feierte: Dr. Carl Häberlin.

Adresse Rebbelstieg 34, 25938 Wyk auf Föhr | Öffnungszeiten 16. März – 31. Okt. Di–So 10 – 17 Uhr; Juli, Aug. Mo–So 10 – 17 Uhr; 1. Nov.–15. März Di–So 14 – 17 Uhr, Feiertage abweichend, von außen immer zugänglich; weitere Infos unter Tel. 04681/2571 und www.friesen-museum.de | Tipp Das Außengelände rund um das Museum ist mit seiner Vielzahl an Exponaten fast schon ein Freilichtmuseum und jederzeit zugänglich. Steinzeitgrab, Steinsärge und zahlreiche Walfang-Exponate. Hinter dem Hauptgebäude liegt übrigens der »Galgenhügel«, die ehemalige Richtstätte der Osterlandföhrer.

23 Der Friesendom

Die größte Dorfkirche Schleswig-Holsteins

Ein Dom auf einer Insel? Tatsächlich fasste die St.-Johannis-Kirche in Nieblum im Jahr 1864 laut Kirchenstuhlbuch rund 1.000 Besucher, möglicherweise war der Sakralbau im 12. und 13. Jahrhundert sogar Sitz eines Bistums. Mit Sicherheit jedoch war sie Hauptpfarrkirche für die Inseln Föhr und Amrum, und sie ist die größte der drei Föhrer Pfarrkirchen, die alle erstmals 1240 in einem Kirchenverzeichnis erwähnt werden. Ihre herausragende Stellung ist auch an dem für Landkirchen untypischen kreuzförmigen Grundriss abzulesen und brachte ihr nicht zuletzt den Beinamen Friesendom ein. Geweiht ist die Kirche Johannes dem Täufer, der als Namenspatron und überlebensgroße Holzfigur unübersehbar in der Südostecke des Chores steht.

Der Friesendom wurde vermutlich auf den Grundmauern eines Vorgängerbaus errichtet, erkennbar an den auffällig großen Granitquadern im unteren Teil des Mauerwerks. Insbesondere auf der Ostseite der Kirche sieht man davon mehrere Schichten, allesamt sorgfältig behauene Findlinge, die das Meer den Erbauern vor die Füße spülte. Der Tuffstein für das Innenmauerwerk gelangte über einen langen Wasserweg nach Föhr. Die Backsteine des Außenmauerwerks sind ein Flickenteppich, sie stehen über die Jahrhunderte hinweg als Zeugen für die zum Zeitpunkt der Renovierung jeweils gebräuchlichen Ziegelformate.

Auch die Fensterbögen wurden je nach Gusto der Zeit geformt, neu ins Mauerwerk geschlagen, weil man mehr Licht wollte, oder kurzerhand zugemauert, wie man besonders am Turm gut erkennen kann. Zuletzt machte das raue Nordseeklima 2006/07 umfangreiche Verblendungsarbeiten notwendig, also wählte man als teure Variante im Sinne der Denkmalpflege von Hand gestrichene Backsteine im mittelalterlichen Klosterformat. Der Friesendom liegt übrigens nur vier Meter über dem Meeresspiegel. Hoffen wir, dass die Kirche noch viele Jahrhunderte erhalten bleibt.

Adresse Karkstieg, 25938 Nieblum | **Öffnungszeiten** tagsüber außerhalb von Gottesdiensten immer zur Besichtigung offen | **Tipp** Das romanische Taufbecken wurde um das Jahr 1200 aus einem Granitfindling gehauen und ist somit das älteste und zugleich das kunsthistorisch bedeutendste Ausstattungsstück des Friesendoms.

24 Der Gezeitenbrunnen

Ebbe und Flut im Zeitraffer

»Das Wasser ist wieder da!« Hört man diesen Jubelruf aus einem Kindermund – wobei die Erwachsenen ebenso fasziniert sind –, dann steht man am Gezeitenbrunnen an der Mittelbrücke (siehe Ort 59) in Wyk. Im Zuge der Neugestaltung des Sandwalls hat der seit 1994 auf Föhr beheimatete Steinmetz Markus Thiessen die Insel im Juli 2008 um diese Attraktion aus namibischem Granit reicher gemacht.

Alle zehn Minuten steigt das Wasser im oberen Becken, das aus den Steinsilhouetten der Halligen Langeneß und Oland sowie der Inseln Föhr, Amrum und Sylt mit dem Hindenburgdamm als Verbindung zum Festland gestaltet wurde, was man jedoch alles erst bei genauem Hinsehen entdeckt. Steinerne Wattflächen, Priele und Sandbänke vervollständigen das Bild von den Gezeiten in der Nordsee, die mit diesem Kunstwerk im Zeitraffer dargestellt werden. Zwei Minuten lang läuft das Becken über – sehr zur Freude der planschenden Kinder – und entleert sich über die Münder der beiden Sagengestalten, des Meeresgottes Ecke Nekkepenn und seiner Frau Raan.

Der Sage nach soll der gealterte Meermann aus dem Wasser gestiegen sein, um in Gestalt eines Seemannes um die Hand einer neuen hübschen Frau anzuhalten. Er steckte jedoch der Falschen den Ring an den Finger und wurde darüber so zornig, dass er bis heute Sturmfluten heraufbeschwört. Seine erste Frau Raan mahlt vor Enttäuschung immer noch Salz für eingelegte Heringe, weshalb das Meer so salzig ist. Während der kurzen Ebbezeit ist der Brunnen leer, und alle warten gespannt, bis das Wasser wieder sprudelt. Spielen und Planschen sind hier erlaubt, Begreifen mit allen Sinnen.

Dass ein Brunnen auch mal als Kreisverkehr herhalten muss, zeigte sich 2009, sehr zum Ärgernis der Anlieger, während der Baumaßnahmen im Kreuzungsbereich Mittelstraße/Sandwall, als die Fahrzeuge kurzerhand über die ansonsten verkehrsberuhigte Wyker Flaniermeile umgeleitet wurden.

Adresse Sandwall, vor der Mittelbrücke, 25938 Wyk auf Föhr | Öffnungszeiten immer zugänglich | Tipp Die »Reste« des Gezeitenbrunnens, also die Steinplatten, aus denen die Inselumrisse ausgeschnitten wurden, stehen als weitere Kunstwerke entlang der Promenade und sind tolle Fotomotive. Sie verschaffen den »Durchblick« über die Insel- und Halligenwelt. Probieren Sie es aus!

25 Der Glockenturm

Das Wahrzeichen von Wyk

Die Wyker haben eine besondere Beziehung zu »ihrem« Glockenturm. Sie feiern seine runden Geburtstage und schreiben Lieder über ihre Glocke (siehe Ort 88), dass Schiller vor Neid erblassen würde. Seit 1701 ist der Glockenturm das Wahrzeichen der Stadt, seinerzeit als einfaches Balkengerüst erbaut, damit die gut 300 Bewohner pünktlich in Boldixum zum Gottesdienst erschienen. Nun gab es keine Ausrede mehr.

80 Jahre später musste man den morschen Turm abstützen, Kostenpunkt 86 Reichsbankthaler, 1790 wurde er erneuert und 1820 mit Brettern verschalt, denn er sollte zugleich als Spritzenhaus dienen. »Aber niemand kann zwei Herren dienen, auch das Glockenhaus nicht«, stellte Pastor Asmussen fest. Trotzdem war hier später auch das Postauto – eine Schubkarre – untergebracht.

1824 dann das Unglück: Ein Sturm wirft den Glockenturm um, quer über die Straße. Mittels Seilwinden wird er wieder aufgerichtet. Wie durch ein Wunder bleibt die Glocke unbeschädigt, ebenso bei den verheerenden Stadtbränden von 1857 und 1869.

Am 2. Juni 1883 wird der Turm »baufälligkeitshalber« abgebrochen, die Wyker sind drei Jahre ohne ihren geliebten Turm, bis am Osterabend im April 1886 der Grundstein für den neuen Turm gelegt wurde. Darin hatte der zweite Ortsvorsteher Petersen eine kupferne Büchse eingelassen, die das Lied über die Wyker Glocke und einen Inselbericht vom Lehrer Nerong enthält. Am 11. Juni 1886 war Richtfest für den Backsteinturm, jetzt neu mit Turmuhr und Wetterfahne. Eine eingelassene Steintafel erinnert daran, dass die Sparkasse das Darlehen für den Turm – immerhin 6.000 Mark – zum Geschenk gemacht hatte, eine zweite Tafel an den Deutsch-Dänischen Krieg 1864. Eine dritte Tafel wurde 1930 enthüllt, als Erinnerung an den Tag, als Föhr gegen die Dänen und für den Verbleib bei Deutschland stimmte, und ist mit der vierten Strophe des Deutschlandlieds heute zugleich eine Mahnung.

Adresse Große Straße/Ecke Mittelstraße, 25938 Wyk auf Föhr | **Öffnungszeiten** jederzeit von außen zu besichtigen | **Tipp** Neben dem Glockenturm befanden sich das ehemalige Amtsgericht und die frühere Landvogtei. Von den beiden mit einem überdachten Gang verbundenen Häuser aus dem Jahr 1857 blieb nur eine historische Fassade stehen, dahinter wurde ein neues Haus erbaut, was Sie bei genauem Hinsehen erkennen.

26 Der Gmelin-Gedenkstein

Ein visionärer Schwabe und sein Nordsee-Sanatorium

Am 21. August 1931 wird das »Denkmal für einen Lebenden« enthüllt, in Anwesenheit des aus Tübingen stammenden Arztes Dr. Carl Gmelin (1863–1941). Bürgermeister Dr. Meyer hält eine emotionale Rede über den Arzt, Meeresheilkundler, Visionär und »Entdecker des Wyker Südstrandes«. Der schwere Granitfindling stammt aus dem Nieblumer Watt, die in Bronze gegossene Bildnis-Platte von Heinz Wedding, Professor an der Kunstgewerbeschule in Flensburg.

Auf Erholungsreise lernt Gmelin 1892 die Hamburger Fabrikantentochter Alice Mensendieck (1867–1904) kennen, die er 1893 heiratet. Sie kennt Föhr bereits aus Kindertagen. Mit großen Plänen reist Gmelin zu Ostern 1898 mit seinem Schwager, dem Pädagogen Otto Mensendieck, nach Föhr und kauft ein 50 Hektar großes Grundstück am Südstrand »für 200 Mark pro Demat«, was rund fünf Pfennig pro Quadratmeter entspricht. Dort entlang verläuft übrigens heute die Gmelinstraße. Der Grundstein für sein erfolgreiches Nordsee-Sanatorium wird am 6. August 1898 gelegt, Architekt ist der Autodidakt August Endell (siehe Ort 12). Die medizinischen Grundpfeiler sind luftige Reformkleidung, Abstinenz, vegetarische Ernährung, Bewegung, Luft- und Lichtbäder. 1908 entsteht das große Nordsee-Pädagogium als Schule für seine jungen Patienten. Der außergewöhnliche Kurpark (siehe Ort 67) ist die Krönung.

1902 holt Gmelin einen Freund aus Studientagen, Dr. Carl Häberlin (siehe Ort 34), als Badearzt nach Föhr – der zweite Schwabe, der es auf der Insel zu Ruhm und Ehre bringen wird. Gemeinsam richten sie 1926 die Bioklimatische Forschungsanstalt ein.

Gmelins Frau Alice stirbt am 6. Februar 1904 nach der Geburt des vierten Kindes an einer Embolie. Erst 1920 heiratet er erneut, die 30 Jahre jüngere Hildegard Berner. Die gemeinsame Tochter stirbt mit nur 13 Jahren. Danach ziehen die Eheleute zurück nach Tübingen, wo Gmelin am 28. Oktober 1941 verstirbt.

Adresse im Nordsee-Kurpark, der Zugang über den August-Endell-Weg führt direkt dorthin, 25938 Wyk auf Föhr | Öffnungszeiten immer zugänglich | Tipp Spazieren oder radeln Sie die Gmelinstraße am Wyker Südstrand entlang. Dort und im angrenzenden Gebiet Richtung Strand sehen Sie noch einige Villen im Seebäderstil, die Anfang des 20. Jahrhunderts erbaut wurden, nachdem Gmelin den Südstrand »entdeckt« und beliebt gemacht hatte.

27 Die Godel

Wo sich Süß- und Salzwasser vereinen

Ein Bach, der in den Salzwiesen entspringt? Wie ist das möglich? Südöstlich von Witsum fließen Süßwasserpriele zusammen, das sind kleine Wasserläufe, in denen sich das Regenwasser aus dem Marschland sammelt. Die Highlights kommen aber noch: Die Godel mündet als einziger deutscher Marschenbach ungedeicht in der Nordsee und kann deshalb seine Fließrichtung ändern. Bei Ebbe fließt das Süßwasser nach rund 1,5 Kilometern ins Meer ab, bei Hochwasser oder gar einer Sturmflut dringt das Salzwasser ungehindert in den Bach ein. Diese Vermischung von Süß- und Salzwasser bringt eine Lagunensalzwiese mit einem einzigartigen Biotop hervor.

Dieses 149 Hektar große Gebiet, die Godelniederung, ist ein besonders geschützter und sensibler Lebensraum, auch für Tier- und Pflanzenarten, die teilweise sogar vom Aussterben bedroht sind. Außerdem brüten hier Wiesenvögel wie der Kiebitz, der Wasserpieper und die Feldlerche sowie Seevögel wie die Brand- und Zwergseeschwalbe. Deshalb ist dieses Schutzgebiet eingezäunt, Infotafeln zeigen Ihnen die erlaubte Wegführung. Hunde sind dort bitte unbedingt an der Leine zu führen. Machen Sie sich bewusst, dass jede Störung für einen Vogel Stress bedeutet, er benötigt für seine Flucht Energie, verbraucht deshalb Fettreserven, und das Nest ist ungeschützt.

Vor der Godelniederung ragt ein Sandhaken weit ins Wattenmeer hinein, der selbst bei Hochwasser nicht überflutet wird und so als Rast- und Ruheplatz für Vögel dient. Von Oktober bis März wird die bis ins Meer reichende Absperrung abmontiert, das Betretungsverbot gilt jedoch weiterhin.

Hoffen wir, dass dieser besondere Lebensraum noch lange erhalten bleibt, denn es genügt ein schmaler Durchbruch durch den niedrigen Geestwall, der die Godelniederung von der Nordsee trennt, und eine mögliche Ringströmung würde diesen bedeutenden Landschaftsteil zerstören.

Adresse Dorfstraße, Ecke Klavertsweg, 25938 Witsum | Öffnungszeiten Naturschutzgebiet, bitte bleiben Sie auf den gekennzeichneten Wegen | Tipp Machen Sie einen Strandspaziergang und helfen Sie mit beim Müllsammeln. Strandmüllboxen stehen im Gebiet der Godelniederung am Strandübergang beim Nationalparkschild sowie am kleinen Parkplatz Richtung Borgsum beim Sandhaken. Selbstverständlich gehört Ihr privater Müll nicht in diese ausschließlich für Strandmüll gedachten Boxen.

28 Das Goting-Kliff

Ein Münzschatz aus alter Zeit

Wer träumt nicht davon, beim Buddeln auf einen Schatz zu stoßen? Zwischen 1976 und 1986 wurden am Goting-Kliff insgesamt 87 Münzen gefunden, die aus der ersten Hälfte des 8. Jahrhunderts stammen. Darunter waren auch Sceattas, frühmittelalterliche Münzen aus England und Friesland, eine karolingische Münze und merowingische Denare, was eine Sensation ist, da sie ansonsten kaum jenseits der Grenzen des Merowingerreiches auftauchen und somit als nördlichster Fundbeleg gelten.

Zugegeben, wer das Rote Kliff oder das Morsum Kliff auf Sylt kennt, wo die Erdschichten durch die letzte Eiszeit so aufgeschoben wurden, dass jahrmillionenalte Erdgeschichte zutage getreten ist, der wird vom lediglich neun Meter hohen Goting Kliff enttäuscht sein. Und doch ist dieses auf Föhr einmalige Kliff eine Besonderheit, die sich über gut einen Kilometer hinzieht. Die Abbruchkante ist durch Naturkräfte entstanden, wird durch Wind und Wasser stetig verändert und ist ein einzigartiger Querschnitt durch die Föhrer Geest. Dunkle Geschiebemergel am Fuß des Kliffs, darüber eine gelblich helle Lehm- und Kiesschicht und schließlich ein dunkelbraunes Erd-Sand-Gemisch. Durch Küstenschutzmaßnahmen, Sandablagerungen und Dünenhalmanpflanzungen ist seit der Jahrtausendwende davon allerdings nicht mehr viel zu sehen.

In den 1970er Jahren war der Strand noch mit deutlich mehr Geröll übersät, aber auch heute liegen dort noch Steine und Findlinge, die aus der vorletzten Eiszeit stammen und somit rund 250.000 Jahre alt sind. Und da die Saale-Eiszunge alles in ihren gierigen Schlund warf, was ihr unterwegs in die Quere kam, und andernorts wieder ausspie, finden sich am Goting-Kliff Sandsteine aus Schweden und Bornholm, Rhombenporphyr aus Norwegen, zu erkennen an den hellen Einsprengseln, sowie anderes vulkanisches Gestein und Granite, deren Ursprung bis nach Finnland und ins Baltikum reicht.

Adresse Zugang am Klafwai, 25938 Nieblum-Goting | Öffnungszeiten immer zugänglich | Tipp Seit 2021 gibt es nur noch einen einzigen offiziellen FKK-Badestrand auf Föhr, südwestlich des Goting-Kliffs, der über die Straße Wikingwai zu erreichen ist, an deren Ende sich auch ein Parkplatz und öffentliche Toiletten befinden.

29 Die Grabkammer

Eine Entdeckung auf den zweiten Blick

Ein Relikt aus der Jungsteinzeit befindet sich nur wenige Schritte von einem beliebten Strandrestaurant entfernt, direkt am Utersumer Deich, und doch liegt es so versteckt, dass es die wenigsten kennen.

Geht man auf dem Deich in nördliche Richtung, entdeckt man etwa auf Höhe der Seebrücke einen Trampelpfad, der durchs Dünengras abwärtsführt. Mehr ist nicht zu sehen. Als Naturschützer ist man versucht, diesen steilen Pfad mit einem verächtlichen Kopfschütteln links liegen zu lassen, doch das rund 5.000 Jahre alte Megalithgrab Sunberig wurde vom Museumsverein Föhr e. V. touristisch erschlossen. Das kleine Hinweisschild liegt jedoch ebenso versteckt, und man entdeckt es erst, wenn man vor der 1,70 Meter langen Grabkammer steht, die für den Laien nichts weiter als ein Loch im Boden mit einer Steinansammlung ist und eher einem Schmugglerversteck gleicht. Um dessen Bedeutung zu erfassen, müssen wir weit in die Vergangenheit zurückblicken.

Vor rund 5.000 Jahren errichteten unsere Vorfahren der Megalithkultur, das sogenannte »Großsteingrabvolk«, Einzelgräber für ihre Verstorbenen, deren rechteckige Grabkammern aus großen Felsblöcken mit einem oder mehreren Decksteinen bestanden.

Bereits im Jahr 1895 wurde das Sunberig-Grab in Utersum vom Schleswiger Heimatforscher Heinrich Philippsen (1858–1930) geöffnet. Die ursprüngliche Form aus zwei gespaltenen Tragsteinen zu beiden Seiten, zwei Endsteinen und drei Decksteinen ist heute nur noch teilweise zu erkennen. Philippsen fand ein Flintbeil, dessen dünnackige Form Auskunft über die Entstehungszeit gibt, sowie eine Öse mit Ornamenten in Tiefstichtechnik. Eine zweischneidige Axt, typisch für die Megalithkultur, fand man weiter nordöstlich von Utersum. Die Bestattung in sogenannten Baumsärgen, also in einem längs gespaltenen und ausgehöhlten Eichenstamm, kennt man übrigens »erst« seit ungefähr 4.000 Jahren.

Adresse Promenade Utersum, Richtung Norden auf den Trampelpfad achten, 25938 Utersum | Öffnungszeiten immer zugänglich | Tipp Die Funde aus dem Megalithgrab sowie anderen Großsteingräbern auf Föhr sind im Friesen-Museum in Wyk ausgestellt.

30 Grethjens Gasthof

Keine Maler als Gäste

»Nee, wie hebb'n eenmol en Maler hatt. Nie wedder wüll'n wie en Maler hebb'n.« Das sagt die resolute Wirtin Margaretha Dorothea Hayen, geborene Hansen (1824–1910), zu dem Maler Otto Heinrich Engel, der 1901 nur zufällig nach Föhr gelangt ist und lieber auf den Halligen malen will. Doch bald ist der Maler von Föhr überzeugt und die Wirtin von dem Maler als Gast. »Unsere Wirtin, die 87jährige Grethjen, sieht eher wie eine Sechzigerin aus. Sie scheint die ›Probezeit‹ nicht lange ausdehnen zu wollen, denn sie verpflegt uns glänzend und ist sehr bemüht, uns den Aufenthalt im Hause angenehm zu machen.«

Die gebürtige Husumerin führte das Dorfgasthaus zunächst gemeinsam mit ihrem 21 Jahre älteren Mann Bastian Hayen, einst Seefahrer, dann Kaufmann und Gastwirt. Mit 45 Jahren heiratete er seine »Grethjen«, nach der er den Gasthof benannte.

Nach seinem Tod im Jahr 1884 wurde Grethjen für die kommenden Jahrzehnte die allseits bekannte und beliebte Wirtin des Dorfgasthofes, der zugleich Tanzlokal, Festsaal und Austragungsort des alljährlichen Kinderfestes war – Letzteres inspirierte den Maler Engel zu einem bekannt gewordenen Gemälde. Die Wirtin hatte ihre Gäste im Griff, jene, die bei ihr wohnten, und jene Männer, die, wie der Fuhrmann Krischan Becker, öfter völlig durchnässt auf dem Weg von Oldsum nach Wyk bei ihr strandeten. »Jem sünd jo dör un dör natt, hört da ni noch en lütte Punsch op to?« Sie wusste genau, wer wie viel Alkohol vertrug.

Der heutige Gasthof wurde im Stil eines Herrenhauses neu erbaut und an das Kunstmuseum angegliedert. Auch wenn »Grethjen« schon seit über 100 Jahren nicht mehr lebt, die Erinnerung an sie bleibt lebendig – nicht zuletzt durch das Zitat in verschnörkelter Schrift an der Wand des neuen Gasthofs, in dem sie ihre schlechte Meinung über Maler kundtut – was uns an diesem Ort natürlich ein Schmunzeln entlockt.

Adresse Hauptstraße 1, 25938 Alkersum | Öffnungszeiten 1. März – 31. Okt. Di–So 10 – 17 Uhr; Küche Di–So 12 – 15.30 Uhr; im Winter geänderte Öffnungszeiten beachten, weitere Infos und Reservierung Tel. 04681/7474045 und www.grethjens-gasthof.de | Tipp Das Grab von Margaretha Dorothea Hayen befindet sich in Nieblum auf dem Friedhof der St.-Johannis-Kirche. Werfen Sie außerdem einen Blick auf das Dach des Wartehäuschens beim Dorfplatz nebenan. Dort wurde 1998 die ehemalige Alkersumer Schulglocke, eine Schiffsglocke aus dem Jahr 1877, aufgehängt.

31 Das Grönlandfahrer-Grab

Abenteuer und Heimat

Julius August Ketels (1839–1916) heiratete am 20. Januar 1876 in zweiter Ehe die gleichaltrige Ingke Christina Knudsen, mit der er drei Kinder bekam. Seine erste Frau war drei Jahre zuvor verstorben, mit ihr hatte er die zehnjährige Tochter Johanna, die er mit in die neue Ehe brachte.

Julius August Ketels fuhr bereits als 15-Jähriger für eine Kopenhagener Reederei im Grönlandhandel. Grönland war eine dänische Kolonie, und so brachten die Schiffe notwendige Güter nach Grönland und nahmen auf dem Rückweg die dort geförderten Bodenschätze mit.

Sein Steuermannspatent erhielt Ketels am 11. April 1864. Auf dem sprechenden Grabstein (siehe Ort 85) ist das Schiff »Lucinde« zu sehen, auf dem er von 1854 bis 1856 als Schiffsjunge, um 1875 als erster Steuermann und 1884 schließlich als Kapitän fuhr. Leider nur ein Jahr lang. Nach einem leichten Schlaganfall beendete er mit 46 Jahren die Seefahrt und zog mit seiner Frau in das von den Schwiegereltern geerbte Haus Nummer 36 in Süderende, wo er fortan Landwirtschaft betrieb. Seine Kinder aus zweiter Ehe waren zu diesem Zeitpunkt neun, vier und zwei Jahre alt. Sein jüngster Sohn Hinrich starb mit 35 Jahren am 5. April 1919. Ob der Sohn wirklich so »glücklich« aus dem Ersten Weltkrieg heimgekehrt war, wie der Grabstein besagt? Drei Jahre zuvor hatte Hinrich seinen Vater an einem zweiten Schlaganfall verloren, ein halbes Jahr vor dem eigenen Tod seine Mutter.

Die Geschwister widmen Hinrich und den Eltern den Grabstein mit der Inschrift: »Hier ruhen im Frieden Gottes unsere lieben Eltern«, und berichten aus deren Leben: »Nach 30jähriger Grönlandfahrt des Vaters durften die Eltern noch über 30 Jahre sich gemeinsam dem Aufbau ihres Hauses im Geiste der Liebe und des Glaubens widmen. – Ihr jüngster Sohn Hinrich Cornelius Ketels starb schon ½ Jahr nach der Mutter in Neumünster, eben aus dem Feldzuge glücklich heimgekehrt.«

Adresse Friedhof St. Laurentii, Sarkstigh, Grabstein nördlich der Kirche, 25938 Süderende | **Öffnungszeiten** tagsüber geöffnet | **Tipp** Julius August Ketels' Geburtshaus steht in Klintum unter der Nummer 161 (früher 133), sein erstes Wohnhaus in Oldsum unter der Nummer 135. Neben dem Grabstein von Julius August Ketels und seiner zweiten Frau Ingke stehen die Grabsteine seiner Schwiegereltern, der Eltern von Ingke. Die jeweiligen Inschriften berichten von einer glücklichen, 50-jährigen Ehe und dem Seefahrerleben des Vaters und Schwiegervaters.

32_De Grote Mandränke

Als Nordfriesland geboren wurde

Wer an dem wellenförmigen Kunstwerk mit der friesischen Inschrift »De Grote Mandränke« vorbeikommt, fragt sich, was in den Jahren 1362 und 1634 geschehen ist. Es war das »große Menschenertrinken«, bei dem »Föhr und Sylt vollständig voneinander geschieden wurden«. Am 16. Januar 1362 hat die gewaltige Marcellusflut die bisherige Landkarte der Insel- und Halligwelt vollkommen verändert, es schlug die Geburtsstunde Nordfrieslands in seiner heutigen Form.

Die verheerende Buchardiflut, die zweite große Mandränke, ereignete sich vom 11. auf den 12. Oktober 1634. Da nutzten auch die unterdessen laienhaft errichteten Deiche nichts. In Nordfriesland kamen rund 8.000 Menschen ums Leben, hingegen »verlor Föhr kein Menschenleben«, allerdings Häuser, Land und Vieh. »Herr Jacob Hennings, Pastor up Föhr my klagende angebracht, watmaten in gewesener groten warerfloth sine Besten und Ochsen mehrendehls verdrenket …«

Von der Dagebüller Bucht berichtet Jan Leeghwater: »Infolgedessen barst das Haus, die Diele und der Boden auseinander … Ich bin auch den Strand allda geritten, da hab ich wunderliche Dinge gesehen, viele verschiedene tote Tiere, Balken von Häusern, zertrümmerte Wagen und eine ganze Menge Holz, Heu, Stroh und Stoppeln. Auch habe ich dabei so manche Menschen gesehen, die ertrunken waren.«

Die Pest, der Dreißigjährige Krieg, Missernten, Hungersnöte und dann auch noch die große Flut. Und dennoch: 30 Jahre später hatten sich im sicheren Wyk 223 Menschen niedergelassen, Bernhard Laurentius, der Pastor von St. Johannis, schwärmt um 1670: »Wyk, du bist (acht ich wohl), ein Lusthaus dieser Insel, prunkst alle Jahre mehr und hebst dein Haupt empor. Wenn ich ein Maler wär', wie zierte dich mein Pinsel; wär' ich ein Landesfürst, dir gäb' ich Rath und Thor und Freiheit einer Stadt, du hast, was ihr gebühret …« Die Föhrer lassen sich eben nicht unterkriegen.

Adresse Promenadenweg am Strandabschnitt 12/13 zwischen Olhörnweg und Parkstraße, 25938 Wyk auf Föhr | **Öffnungszeiten** immer zugänglich | **Tipp** Nicht nur Sturmfluten waren gefährlich, auch die Seefahrt. Mehr über das Leben von Föhrer Seefahrern erfahren Sie auf dem von Ingke Wolff entworfenen maritimen Rundgang in Oldsum an 16 Stationen, die Sie anhand der Broschüre »Commandeure und Kapitäne in Oldsum« aufsuchen können. Die Broschüre ist für eine kleine Schutzgebühr im örtlichen Handel erhältlich.

33 Das H.-C.-Andersen-Haus

Königliche Einladung für den dänischen Dichter

»Die Stadt Wyk, die größte auf der Insel, wo die Bäder sich befinden, ist ganz holländisch erbaut, alle Häuser nur eine Etage mit Strohdach und Giebel, das Ganze zwar klein und gering, aber die vielen Fremden hier während der Badezeit, der ganze königliche Hof mit allem, was sich daran anschloss, gab eine Lebendigkeit, eine Sonntagsfestlichkeit, die insbesondere in der Hauptstraße pulsierte.« Das vermerkt der 39 Jahre alte dänische Dichter Hans Christian Andersen (1805–1875) in seinem Tagebuch, als er Anfang September 1844 für zehn Tage auf Föhr zu Gast ist. Eine spontane Einladung der Gattin des dänischen Königs Christian VIII. – und nach einer anstrengenden Reise von Kopenhagen über Dagebüll (siehe Ort 8) zeigt er sich doch versöhnt mit der Insel.

Aufgrund finanzieller Schwierigkeiten hätte er am liebsten abgesagt, doch der König bezahlte die Unterkunft in der Großen Straße 16, wo zwei Steintafeln auf Deutsch und Dänisch an seinen Aufenthalt »in diesem Hause« erinnern. Es müsste jedoch »an dieser Stelle« heißen, denn das Logierhaus von Andersen wurde beim Stadtbrand 1857 zerstört, was der schicksalsgebeutelte Pensionswirt Johann August Winterhoff (1793–1857) sieben Monate vor seinem Tod noch miterleben musste. Als der neurotische Dichter bei ihm wohnte, hatte der Schneidermeister gerade seine dritte Ehefrau Bina geheiratet, ein halbes Jahr zuvor seine zweite Ehefrau verloren und seine zehnjährige Tochter bereits zu Grabe getragen.

Im Königshaus (siehe Ort 47) las Andersen unter anderem sein Märchen »Prinzessin auf der Erbse« vor, unternahm Ausflüge mit dem König und speiste mit dem Königspaar. Außerdem fand Andersen großen Gefallen am Meer: »Ich habe jeden Tag gebadet, und ich muss sagen, es ist das unvergleichlichste Wasser, in dem ich je gewesen bin.« Auf Föhr ist er trotzdem nur einmal gewesen.

Adresse Große Straße 16, 25938 Wyk auf Föhr | Öffnungszeiten nur von außen zu besichtigen | Tipp Auf dem Friedhof von St. Boldixum steht östlich der Kirche ein Grabstein, vor dem der ledige und kinderlose Dichter lange stehen blieb. Catrin Boyens (1715–1747) wurde nur 31 Jahre alt. Das Relief zeigt sie mit ihrer bereits im Alter von sechs Wochen verstorbenen Tochter in der Heiligen Stadt, von dort reicht sie ihrem Ehemann auf Erden die Hand. Ihre anderen vier kleinen Kinder stehen neben dem Vater, ein Sohn und drei Töchter. H. C. Andersen hatte übrigens große Angst davor, scheintot begraben zu werden. Deshalb legte er wohl allabendlich einen Zettel auf seinen Nachttisch: »Ich bin nur scheintot.«

34__Das Häberlin-Haus

Wo ein Schwabe niemals ruht

Der schwäbische Arzt Dr. Carl Häberlin (1870–1954) kam 1902 zum Praktizieren nach Wyk, wie es die Föhrer Nachrichten am 30. Mai 1902 vermelden. Damals wohnte er im »Redlefsens Hotel«. Als Sohn eines schwäbischen Missionars in Indien geboren, studierte er im »Ländle«, dann holte ihn der Schwabe Dr. Carl Gmelin (siehe Ort 26) als Arzt für sein 1898 gegründetes Sanatorium auf die Insel.

1904 kaufte Häberlin das 1845 erbaute Haus am Sandwall 11 und richtete darin Wohnung sowie Praxis ein. Der einstige Bauherr hatte es »9 Fuß unter den Boden« errichten lassen. Was wir also heute als Kellergeschoss betrachten, ist das ursprüngliche Wohnhaus, das Häberlin 1925 umbauen ließ. In seiner alten Friesenstube mit »Urväterhausrat« empfing er gern Gäste, darunter auch den Maler Otto Heinrich Engel (siehe Ort 64), dessen Gemälde »Sommerabend auf Föhr« er für das Wartezimmer seiner Praxis kaufte.

Die Wykerin Christine Tamm beschreibt anlässlich seines 70. Geburtstags eine Begegnung: »Der Schein der Kerzen wirft flackernde Lichter auf uralte Wandteller und spiegelt sich wider in altem Zinn- und Messinggerät. Wir sitzen um den alten Tisch mit der Eichenplatte, und ich denke: wer wird einst an diesem Tische sitzen? Etwas von dem Geist des Häberlinhauses wird eingefangen bleiben.« In seinem Haus brannte immer Licht, und die Wyker mutmaßten, dass Häberlin nie schlief, denn er war ein Hansdampf in allen Gassen: niedergelassener Arzt, Chefarzt des Seehospizes, Heimatforscher, Museumsgründer, Autor, heilklimatologischer Forscher und Leiter der Volkshochschule. Er war Ehrenbürger, und die Neue Straße wurde 1940 nach ihm umbenannt.

Seine über Jahrzehnte treue Haushälterin Hanne Carstensen hatte offenbar auch die Kontrolle über seine Damenwahl. Sein spätes privates Glück erfuhr er erst nach deren Tod, als er mit über 80 seine ehemalige Sprechstundenhilfe Leonore Fertsch heiratete.

Adresse Sandwall 11, 25938 Wyk auf Föhr | **Öffnungszeiten** nur von außen zu besichtigen. | **Tipp** Im Friesen-Museum in Wyk ist eine wohnliche »Häberlin-Ecke« mit Schreibtisch und interessanten zeitgenössischen Dokumenten eingerichtet.

35 Der Hafen Wyk

Das Happy End nach 100 Jahren

Endlich, am 31. Oktober 1704, erhielt Wyk die Hafengerechtigkeit und damit die Erlaubnis, einen Hafen anzulegen. Gesagt, getan? Leider nein, denn der heutige Hafen ist der dritte Bau und das Ergebnis einer langen Geschichte. Dabei klang der Bericht des vom Fürstenhaus beauftragten Amtmanns so zuversichtlich: »Der Ort eignet sich herrlich für eine Hafenanlage und kann mit der Zeit ein Handelsplatz werden, ja vielleicht zu einer guten Stadt anwachsen.«

Doch der Hafenbau zog sich hin, denn mit dem Geld war es trotz des 1710 erlangten Marktrechts so eine Sache. Aber dann, im selben Jahr, reichte Niclas Hanssen aus Tondern eine Entwurfszeichnung nebst Kostenvoranschlag von 3.000 Mark ein – endlich ein umsetzbarer Plan. Aber kaum war der Hafen fertig, zerstörte die Weihnachtsflut 1717 das Werk, hinterließ jedoch eine Wehle, die sich gut als Hafen eignete – bis die Februarflut 1718 kam. Der Hafen wurde mit teuren Bollwerken und einem steinbeladenen Schiff geschützt, was gegen die Dezemberflut 1720 nichts nutzte. Mangels Geldes erfolgte keine Instandsetzung, der Hafen verschlickte. 1739 drohte der Amtmann: Wenn Wyk den Hafen nicht instand setzt, wird die Hafengerechtigkeit entzogen.

Das saß. Doch woher das Geld nehmen? Kurzerhand entschlossen sich die Wyker zur Durchführung einer Lotterie. 45.000 Lose sollten vergeben werden, doch leider war der Zuspruch gering. 1763 setzte der neue Gerichtsvogt Boy Lobsen den Bau des Hafens durch – gegen alle Widerstände und ungeachtet leerer Kassen. Elf Jahre später war der zweite Hafen fertig und der Ort hoch verschuldet. Wieder fehlten Gelder, um den Hafen vor der Verschlickung zu bewahren.

In ihrer Not wandten sich die Wyker an das Königshaus und erhielten eine Anleihe aus der königlichen Kasse, mittels derer der dritte Hafen im November 1806 vollendet wurde. Das Happy End einer gut 100 Jahre währenden Baugeschichte.

Adresse Am Hafen, 25938 Wyk auf Föhr | Öffnungszeiten immer zugänglich | Tipp Besuchen Sie den Sperrgutbasar nahe dem Wyker Hafen, der nach einer Idee von Renate Sieck 1992 eröffnet wurde und seither im Sinne des Wertstoffrecyclings unter Trägerschaft des BUND Inselgruppe Föhr und durch ehrenamtliches Engagement betrieben wird. Jeder kann kostenlos Einrichtungsgegenstände und Gegenstände des täglichen Bedarfs abgeben und mitnehmen – da sind auch mal Unikate und antike Schätzchen dabei (Achtern Diek 1, 25938 Wyk/Föhr, Öffnungszeiten Mi 16–18 Uhr, Fr 14–16 Uhr, weitere Infos unter Tel. 04681/2106).

36 Der Hallig-Blick

Eine lange Nase und eine Perlenkette

Vom Sandwall und der Promenade aus gesehen liegen sie wie Perlen auf einer Kette aufgefädelt am Horizont. So manchen hört man fragen: »Sind das die Halligen?« Schließlich hat man schon mal von den Eilanden gehört, die regelmäßig überflutet werden. Doch was man als gut sichtbare Erhebungen ausmacht, sind die 18 Warften der Hallig Langeneß. Diese Siedlungshügel bieten Mensch und Tier (meist) Schutz vor Sturmfluten.

Nach Langeneß, zur »Langen Nase«, können Sie vom Wyker Hafen aus einen Tagesausflug unternehmen. Die Sehenswürdigkeiten auf der größten der insgesamt zehn nordfriesischen Halligen, darunter das Kapitän-Tadsen-Museum und die historische Kirche, erreichen Sie mit dem »Hallig-Express«, einem originellen Unimog mit Anhänger. Abends sehen Sie von der Wyker Promenade aus den Leuchtturm von Langeneß am Westzipfel der Hallig blinken.

Südöstlich von Föhr liegt die Hallig Oland mit nur einer Warft, auf der 17 Häuser stehen. Es gibt nur 15 Einwohner, aber 45 Gästebetten – und keinen Einkaufsladen. Bestellte Lebensmittel werden einmal die Woche per Schiff geliefert. Sehenswert sind die Halligkirche und der Leuchtturm – er ist der einzig reetgedeckte und der kleinste Leuchtturm Deutschlands.

Der Vergleich mit Lummerland liegt nahe, doch beschaulich ist das Leben der Halligbewohner bei Weitem nicht immer. Besonders im Winterhalbjahr heißt es regelmäßig »Land unter«, kein Schiff fährt mehr, und wo Stunden zuvor noch das Vieh graste, ragen nur noch Weidezäune aus dem Wasser. Solange das Vieh rechtzeitig auf die Warften geholt und kein Wasser in die Häuser dringt, ist »Land unter« kein Unglück, sondern sogar erwünscht, so paradox das klingt. Denn jede Überflutung nährt die Salzwiesen und spült Sedimente an. Der prognostizierte Anstieg des Meeresspiegels ist jedoch eine schlechte Aussicht für die rund 280 Halligbewohner im Weltnaturerbe Wattenmeer.

Adresse Promenadenweg bei der Sydbar, Strandübergang am Ende des Eulenkamp, Strandabschnitt 21, 25938 Wyk auf Föhr | **Öffnungszeiten** immer zugänglich | **Tipp** Der Umriss der Hallig Oland, aufgestellt mit »Durchblick« in die richtige Richtung, ist als Steinmetzkunst beim Strandabschnitt 12 zu finden, kurz vor dem Strandlokal Pitschi's.

37 Das Haus Alt-Wyk

300 Jahre wechselvolle Geschichte

Wo sich heute Wyks kulinarisches Aushängeschild mit anspruchsvoller norddeutscher Küche befindet, beherbergte Johannes Feddersen 1701 die ersten Reisenden. Bei ihnen handelte es sich um Amtspersonen, die den Ort besichtigen wollten, da sich Wyk um die Hafengerechtigkeit bemühte. Lange hatten die Bewohner gezögert, ein Fremdenquartier zu errichten, schließlich wollte man keine Visitationen durch Regierungsabgesandte befördern, weil man Steuererhöhungen befürchtete. Apropos Steuern. Dem Bauherrn dieses ersten Fremdenheims auf Föhr wurde, urkundlich beglaubigt, das Versprechen gegeben, keine Steuern zahlen zu müssen – das galt auch für alle nachfolgenden Eigentümer.

1813 wird hier das königliche Postkontor eröffnet, doch beim großen Stadtbrand von 1857 fällt das Haus mitsamt der Urkunde den Flammen zum Opfer. Was für ein Unglück! So dachte man zunächst, allerdings gab es neben großzügigen finanziellen Hilfen aus dem allgemeinen Spendentopf des Königs und privater Kollekten zum Wiederaufbau des Hauses vom zuständigen Amt Tondern eine neue Urkunde gleich dazu. Leider fiel dieses Privileg bald darauf dem nunmehr zuständigen preußischen Beamten auf, und er schaffte es ab.

Als 1864 der Deutsch-Dänische Krieg ausbricht, wird das Haus zum Lazarett erklärt. Hier starben jedoch nicht die beiden österreichischen Gebirgsjäger, wie in neuerer Literatur häufig zu lesen ist, an die der Duell-Grabstein (siehe Ort 10) erinnert. Franz Tausendschön starb »am 30 July, 10 1/2 Uhr Abends in Wyk im Lazarett im Redlefsen Hotel …«, wie der Totenschein des Oberarztes Fr. Kroll bestätigt.

Bis um 1950 war im Haus ein kleines Kinderheim eingerichtet, das bis zu 20 Kinder aufnehmen konnte. Mit Gepäck waren die Treppenstufen zum Hauseingang zwar ärgerlich, bei der Hamburger Flut von 1962 reichte das Wasser jedoch bis zur obersten Treppenstufe – Glück gehabt!

Adresse Große Straße 4, 25938 Wyk auf Föhr | **Öffnungszeiten** Restaurant Alt Wyk Di–Sa 17.30–22.30 Uhr, Do–Sa 12.30–14.30 Uhr, Mitte Juli–Mitte Aug. Mo 17.30–22.30 Uhr, abweichende Öffnungszeiten möglich, weitere Infos und Reservierungen unter Tel. 04681/3212 oder 0151/54865217 und www.alt-wyk.de | **Tipp** Gegenüber dem Haus Alt Wyk, in der Großen Straße 3, befindet sich die Kunsthandlung Hattesen mit Tradition seit 1931, die sich mit der Kunst des 15. bis 20. Jahrhunderts beschäftigt. Ein Besuch lohnt sich!

38 Das Haus Flora

Wo Friede Springer geboren wurde

Erich Riewerts (1914–1993), Gärtnermeister und Rosenzüchter, heiratet am 28. August 1939 – einen Tag vor seiner Einberufung – Elise Hassold, und sie beziehen in Oldsum das 1906 erbaute Haus Nummer 89 seines Onkels John. Dieser war zuvor nach Amerika ausgewandert. Im Haus Flora kommt am 15. August 1942 Friede als zweites von fünf Kindern zur Welt.

»Villenhaushalt in Hamburg sucht Kindermädchen für einen dreijährigen Jungen«. Diese Anzeige im Sommer 1965 in der »Welt am Sonntag« verändert das Leben der 23-jährigen Friede Riewerts entscheidend. Sie kommt in den Haushalt des Zeitungsverlegers Axel Springer. Er ist in vierter Ehe verheiratet, hat drei eigene Kinder und zwei Stiefkinder – und ist vom ersten Tag an verliebt in das Mädchen von der Insel Föhr, um das er nach der Trennung von seiner vierten Ehefrau wirbt. Nachdem das Fräulein Riewerts zurück auf Föhr ist, ruft er immer wieder im Haus Flora an, und im Frühjahr 1967 sagt er: »Ich komme rüber« – mit dem Hubschrauber von seinem Urlaubsdomizil, der »Springer-Burg« auf Sylt, für einen Nachmittag. »Wo wollen wir uns treffen?« Friede Riewerts ist perplex und nennt ihm den Glockenturm in Wyk (siehe Ort 25) als Treffpunkt.

Erst am 20. Januar 1978 wird sie auf dem Standesamt in Berlin-Charlottenburg vor zwei Trauzeugen seine fünfte und letzte Ehefrau. Ihre Biografin Inge Kloepfer schreibt: »Sie brach mit ihrer Vergangenheit. Zwar verleugnete sie nicht ihre Herkunft und ihr Elternhaus …«, und doch: »Radikal reduzierte sie die Kontakte zu ihrer Familie und ihren Freunden auf ein fast unpersönliches Minimum.«

Das Haus Flora ist noch heute im Besitz der Familie Riewerts. 1993 erhielt Erich Riewerts den Literaturpreis der Ferring-Stiftung Alkersum für seine Verdienste in der Familienforschung. 2014 besuchte Friede Springer ihre Heimat, um eine neue Rosensorte im Garten des Friesen-Museums auf den Namen »Föhr« zu taufen.

Adresse Ursula Riewerts, Haus 89, 25938 Oldsum | Öffnungszeiten nur von außen zu besichtigen; im Haus werden Ferienwohnungen vermietet, weitere Infos unter Tel. 04683/2699962 und auf den Gastgeberseiten im Internet unter »Haus Flora«, Oldsum | Tipp Im Haus Nummer 78 lebte der berühmte Grönlandfahrer und Vorfahre der Familie Riewerts, Broder Riewerts. Es wurde Anfang des 18. Jahrhunderts erbaut und ist noch originalgetreu erhalten. In Süderende wird das Haus Nummer 70 aus dem 17. Jahrhundert als Baum- und Rosenschule von Familie Riewerts in der vierten Generation bewohnt und betrieben. Besuchen Sie die Gärtnerei mit fast 100-jähriger Tradition oder übernachten Sie in einer der maritimen Ferienwohnungen im selben Haus.

39 Das Haus Olesen

400 Jahre alte Wohntradition

400 Jahre – das ist eine lange Zeit, insbesondere für ein Haus. Das älteste Haus der Insel, Haus Olesen, wurde 1617 erbaut und steht noch heute. Zwar nicht mehr an seinem ursprünglichen Platz in Alkersum, seinen Erhalt haben wir jedoch Dr. Carl Häberlin, dem Gründer des Friesen-Museums (siehe Ort 22), zu verdanken. Eigentlich sollte das Gebäude wegen Baufälligkeit nach dem Tod seiner letzten Bewohnerin 1927 abgerissen werden, doch Häberlin ließ es Stein für Stein abtragen und samt Inventar auf dem Gelände des Friesen-Museums sorgfältig wiederaufbauen. Ein wertvolles Dokument Föhringer Wohn- und Wirtschaftsgeschichte.

Betritt man das uthlandfriesische Haus, erweckt die Einrichtung den Eindruck, als ob die Bewohner nur mal eben zum Markt unterwegs sind und gleich wieder zurückkehren. Die Menschen lebten mit Hühnern und Schweinen unter einem Dach, wobei lediglich der Flur den Wohnbereich vom Stall trennte.

Die Bewohner nutzten Küche, Kammer, Dörnsk (Wohn- und Schlafraum) und den Pesel (die gute Stube). Anhand der schrägen, nach außen hin abfallenden Decken in den Räumen erkennt man die reine Ständerkonstruktion, die erst später durch die Mauerbauten abgelöst wurde, bei denen Dach- und Deckenbalken auf der Außenwand und nicht im Abstand dazu liegen. Die Ständerkonstruktion war jedoch von Vorteil: Wenn die Flut die Außenmauer eindrückte, konnten sich die Bewohner immer noch auf den Dachboden retten.

Nur die Wohn- und Schlafstube konnte von der Küche aus beheizt werden, darum liegt die Stubendecke um ganze 47 Zentimeter niedriger als in den übrigen Zimmern. Praktisch war die zweiteilige Eingangstür, die sogenannte Klöntür, bei der man die obere Hälfte separat öffnete – zum Lüften oder um, daher kommt der Name, mal einen Klönschnack mit dem Nachbarn zu halten, ohne dass dabei das Vieh entwischte – und natürlich auch nicht die eigenen Kinder.

Adresse Rebbelstieg 34, 25938 Wyk auf Föhr | **Öffnungszeiten** 16. März–31. Okt. Di–So 10–17 Uhr; Juli, Aug. Mo–So 10–17 Uhr; 1. Nov.–15. März Di–So 14–17 Uhr, Feiertage abweichend; von außen immer zugänglich; weitere Infos unter Tel. 04681/2571 und www.friesen-museum.de | **Tipp** Gleich nebenan wurde eine Scheune aus dem 18. Jahrhundert im Museumsgarten wiederaufgebaut, die bis zum Jahr 2000 in Midlum stand. Die Midlumer Scheune besitzt zwei Tore, sodass eine Durchfahrt mit dem Erntewagen möglich war, und sie ist auch deshalb eine Besonderheit, weil auf der Insel die Scheunen meist ans Haus angebaut wurden. Die Scheune wird heute zu Veranstaltungszwecken genutzt, außerdem befinden sich darin weitere Ausstellungsgegenstände.

40_Hinrichsen's Familienfarm

Freizeitvergnügen für Groß und Klein

Die ungewöhnliche Adresse – Haus Nummer 23 in Dunsum – lässt es bereits erahnen, das Hinweisschild zu Hinrichsen's Familienfarm steht mitten in der Prärie, davor ein Stapel alter Holzfässer und ein Zaun wie auf einer Ranch – man glaubt, im Wilden Westen angekommen zu sein. Tatsächlich befinden wir uns im äußersten Nordwesten der Insel, gut 500 Meter vom Deich entfernt und dem Abenteuer ganz nah.

Auf dem Erlebnishof bietet das Fußballgolf ein ungewöhnliches Freizeitvergnügen, und wer kann schon von sich behaupten, mal in einem durchsichtigen, aufblasbaren Ball gesteckt und zugleich Fußball gespielt zu haben? Rangeln und schubsen machen beim Funballz mit Sumo-Ringer-Feeling allerdings erst richtig Spaß. Die Spielscheune mit Fußball-Billardplatte und dem SIKU-Modell-Spielland im Maßstab eins zu 32 macht das Angebot komplett. Der Streichelzoo bringt die Tiere nahe, und man lernt, was es mit Husumer Protestschweinen und Shorthorns auf sich hat.

Für die Stärkung zwischendurch gibt es im liebevoll eingerichteten Hofcafé selbst gebackenen Kuchen, Eis und Milchreis, und wenn am Ende der große Hunger kommt, bietet das Farmrestaurant unter anderem hochwertiges Biofleisch von hofeigenen Weiderindern – die 100 Prozent handgemachten Burger sind eine absolute Empfehlung. Im Hofladen gibt es Produkte vom hofeigenen Schwein und Rind, selbst gemachte Köstlichkeiten sowie Schönes und Nützliches.

Bis 2011 bewirtschaftete die Familie Hinrichsen einen konventionellen Milchviehbetrieb, die landwirtschaftliche Familientradition reicht bis 1630 zurück, und schon die Vorfahren mussten sich immer etwas Neues einfallen lassen. »Vom Getreide ins Glas« lautet das neueste Motto von Jan-Robert Hinrichsen mit seiner Distillery. Alle Herstellungsschritte – vom Getreideanbau bis zum gereiften Inselwhisky – werden auf dem eigenen Hof durchgeführt, was nahezu einmalig in Deutschland ist.

Adresse Haus 23, 25938 Dunsum | **Öffnungszeiten** 1. April–31. Okt. Mo–Sa 10–18 Uhr, So 14–18 Uhr, weitere Infos und aktuelle Öffnungszeiten unter Tel. 04683/9634979 und www.hinrichsens-farm.de | **Tipp** Besichtigen Sie die hauseigene Distillery zur Whiskyherstellung im Rahmen einer Führung. Außerdem können Sie auf Hinrichsen's Familienfarm auch auf dem Bauernhof übernachten – sehr praktisch, so ist man gleich zum Spielen vor Ort und muss nicht weg.

41 Der Insel-Amrum-Ausblick

Ein Ausflug zur Nachbarinsel

Der versteckt gelegene Aussichtspunkt lädt zu einer schönen Pause ein, und man sieht, dass ein Tagesausflug zur westlich von Föhr gelegenen Insel Amrum buchstäblich nahe liegt, die kürzeste Entfernung beträgt acht Kilometer, und die können Sie zu Fuß bei Ebbe zurücklegen – allerdings nur (!) bei einer geführten Wattwanderung (siehe Ort 108). Bequemer geht es mit dem Schiff in einer Stunde zum Hafen von Wittdün.

Berühmt ist die Insel für den Kniepsand, eine rund 15 Kilometer lange und 1,5 Kilometer breite Sandbank aus feinstem weißen Sand, die sich direkt vor Amrum erstreckt – die man allerdings auch durchqueren muss, wenn man auf der Westseite ans Wasser möchte. Da kann der Weg zum Meer schon mal lang werden. Sehr zu empfehlen ist ein Panoramablick von der Aussichtsplattform des Amrumer Leuchtturms, der zwischen Wittdün und Nebel mitten in den Dünen liegt und seit 1875 in Betrieb ist. Er ist der höchste begehbare Leuchtturm an der Nordseeküste, und das ist zugleich die Herausforderung: 295 Stufen gilt es zu erklimmen – erst auf die Düne rauf und dann innerhalb des Turms weiter nach oben. Belohnt werden Sie bei guter Sicht mit einem Blick bis nach Helgoland.

Eine weitere Sehenswürdigkeit ist die älteste Mühle Schleswig-Holsteins am Ortseingang von Nebel, die noch bis 1964 in Betrieb war und ein weiteres Wahrzeichen von Amrum ist. Das älteste Haus der Insel steht ebenfalls in Nebel. Das Kapitänshaus aus dem 18. Jahrhundert ist zu besichtigen, und man kann sich ein gutes Bild vom Leben der Inselbewohner jener Zeit machen. Noch weiter zurück in der Geschichte – nämlich gut 2.000 Jahre weit – geht man beim »Eisenzeitlichen Haus«, das 2014 an seinem Originalstandort im Dünengürtel zwischen Norddorf und Nebel in Originalbauweise rekonstruiert wurde. Die »Perle der Nordsee« hat viel zu bieten!

Adresse Aussichtspunkt Klafwai/Ecke Deelswai, 25938 Nieblum-Goting | Öffnungszeiten immer zugänglich | Tipp Beste Aussicht auf Amrum hat man auch am Strand von Wyk beim Strandabschnitt 26, kurz vor dem LIPSI Beachclub, wo der Amrum-Umriss als Steinmetzkunst aufgestellt ist. Zugleich ist es ein tolles Fotomotiv mit Durchblick nach Amrum.

42 Das Kaiser-Wilhelm-Denkmal

Deutsches Kaiserdenkmal im dänischen Königsgarten

Auf dem steinernen Denkmal für Kaiser Wilhelm I. steht: »Zur Erinnerung an den Einiger des Deutschen Volkes Wilhelm I. Kaiser von Deutschland König von Preussen errichtet von der Insel Föhr am 2. September 1895« – doch wo befindet sich diese knapp zwei Meter hohe Sandsteinstele überhaupt? Nicht etwa auf einem prominenten Platz, wie so viele Denkmäler, die seit 1867 (also noch zu Lebzeiten) zu Ehren des beliebten deutschen Kaisers enthüllt wurden. Nein, es steht auf einem Parkplatz. Auf einem abgelegenen Parkplatz hinter dem Rathaus. Wenn dort viele Autos parken und die Bäume ihr volles Blätterkleid tragen, übersieht man es von der Straße aus sogar.

Am 2. September 1895 fand unter »starker Beteiligung der Inselbewohner eine eindrucksvolle Feier statt« – im dänischen Königsgarten, einer schmucken Grünanlage, die von der regelmäßigen Seebadbesucherin Caroline Amalie, Gattin des dänischen Königs Christian VII., mit gemütlichen Bänken und Zierpflanzen 1844 in der Nähe des Hafens eingerichtet worden war.

Der Königsgarten wurde 1853 samt Königshaus (siehe Ort 47) versteigert, und die Wyker Bürger erwarben »ihren Garten« für 1.200 Mark. Der Garten sollte laut Beschluss »für immer zum Nutzen des Bades aus der Fleckenskasse unterhalten, niemals aber ohne höhere Genehmigung zu anderen Zwecken« verwendet werden. Nun ja. Nach dem Zweiten Weltkrieg kamen die Engländer. Schnell versteckte man das deutsche Kaiserdenkmal vor den Besatzern und vergrub es im Garten des Friesen-Museums. Der Königsgarten wurde zu Asphalt. Erst 1994 grub man das Denkmal wieder aus und stellte es auf dem Parkplatz wieder auf. In der Nacht zum 3. Oktober 2020 erlangte das Denkmal traurige Berühmtheit. Es lag wohl doch versteckt genug, damit unbekannte Täter das eiserne Kreuz an der Südseite des Denkmals abhebeln und entwenden konnten.

Adresse Sauermann-Parkplatz, Hafenstraße, 25938 Wyk auf Föhr | Öffnungszeiten immer zugänglich | Tipp Einen Steinwurf vom Kaiser-Wilhelm-Denkmal entfernt steht ein vermutlich letzter Baum aus dem Königsgarten am Ende der Straße Am Königsgarten, links am Hafendeich. Gehen Sie die Stufen auf den Deich hinauf, von dort haben Sie eine gute Übersicht über die Umgebung.

43 Die Kapitänshäuser

Seefahrer in Nieblum

Einer der bekanntesten Seefahrer der Insel kam 1757 in Nieblum zur Welt: Jens Jacob Eschels (1757–1842). Sein Elternhaus steht bis heute im Karkstieg 7. Bereits mit elf Jahren war er Schiffsjunge auf einem Grönlandschiff, 30 Jahre lang fuhr er zur See und wurde erfolgreicher Kapitän. Nieblum hat viele Seefahrer hervorgebracht. Machen Sie einen Spaziergang durch das Dorf und betrachten Sie die historischen Reetdachhäuser, die spannende Geschichte(n) erzählen, zum Beispiel bei der Strandstraße 1.

Besonders ins Auge fallen die drei bemalten Steintafeln an der Fassade der Strandboutique, die Originale hängen seit 1925 im Friesen-Museum. Das erste Haus an dieser Stelle wurde 1637 erbaut, und in diese Zeit gehört die erste Tafel, die einen Mann mit einem Wein- oder Bierkrug zeigt, neben ihm zwei Fässer. Ein Ehepaar ist auf der zweiten Tafel aus dem Jahr 1748 zu sehen, die Mutter hält einen Jungen an der Hand. Es sind der berühmte Kapitän und Ostindienfahrer Nickels Thayen, genannt Cornelius Kroon (1702–1755), und seine Frau Elsabe. Sein Grabstein auf dem Nieblumer Friedhof verrät: »1744 d 20 July begab er sich in den heiligen Ehestand mit Eschel Olufs nachgelassener Witwe Elsabe Olufs u lebte mit derselben in einer 10 1/2 -jährigen vergnügten Ehe, jedoch ohne Leibeserben.« Die Frömmigkeit des an einer »heftigen Brustkrankheit« früh Verstorbenen spiegelt sich auf der Haustafel wider: »Gott auff dem ich alzeit Trau Wolle behüten diesen Bau So offt die Thür sich wend O Mensch bedenck dein end.«

Auf der dritten Tafel sind seit 1801 die Initialen des Hausbesitzers Christian Adolf Petersen (1772–1829) und die seiner zweiten Frau Nonne (1770–1834) zu sehen. Zuvor waren dort die Initialen seiner ersten Frau Jung Ing eingemeißelt, die bei der Geburt des zweiten Sohnes am 6. September 1800 verstarb. Der Sohn überlebte. In die zweite Ehe wurden noch drei Kinder geboren. Das Mädchen erhielt den Namen Jung Ing – und wurde nur zwei Jahre alt.

Adresse zum Beispiel Strandstraße 1, 25938 Nieblum, und weitere Straßen, die auf einem kleinen Streifzug schnell erreicht sind | **Öffnungszeiten** jederzeit von außen zu besichtigen | **Tipp** Die Originaltafeln finden Sie im Friesen-Museum in der Abteilung Baukultur mit weiteren interessanten Ausstellungsstücken zur Bauweise und Ausstattung eines traditionellen uthlandfriesischen Hauses. Gehen Sie auch noch schräg gegenüber zu dem sehenswerten Haus in der Straße De gröne Eck 1, das 1799 erbaut wurde und in dem seit 1891 Fleisch- und Wurstspezialitäten verkauft werden.

44 Die Kirche St. Nicolai

Die Geschichte von den drei Silbermünzen

Auf Föhr gibt es drei Pfarrkirchen, und wie der Friesendom (siehe Ort 23) und die St.-Laurentii-Kirche (siehe Ort 87) wurde die Kirche St. Nicolai erstmals 1240 in einem Kirchenverzeichnis erwähnt, auch ihre Baugeschichte in den folgenden Jahrhunderten ähnelt sich.

Bei der St.-Nicolai-Kirche, die übrigens an der Grenze zwischen Boldixum und Wrixum steht, nahezu versteckt hinter hohen Bäumen, kommen jedoch im Jahr 1707 drei Silbermünzen ins Spiel. Die Kirche ist zu klein geworden, also soll das Norderschiff in besagtem Jahr angebaut werden. Bei den Bauarbeiten wird eine Kapsel mit drei Silbermünzen entdeckt. Bei näherer Betrachtung sind darauf jeweils die Jahreszahl 1240 sowie die Insignien des Dänenkönigs Waldemar II. zu erkennen. Ein Datierungsbeweis war gefunden, der heute fast 800 Jahre alt ist! Der König trug übrigens den Beinamen »der Sieger« und ist nicht zu verwechseln mit Waldemar IV., der es mit dem Ritter Claus Lembeck, dem Namensgeber der Lembecksburg (siehe Ort 51), aufnehmen musste.

Einzigartig macht die Kirche zudem, dass hier politische Versammlungen und Gerichtstagungen stattgefunden haben, insbesondere wurde 1426 eine nordfriesische Gesetzgebung verhandelt, die sogenannte Siebenhardenbeliebung für die sieben Harden der Uthlande (heute zum Kreis Nordfriesland gehörende Inseln, Halligen und Marschen).

Und da ist noch eine Reihe weiterer Besonderheiten. Es gibt zwei doppelseitig bemalte Gemälde, der Klingelbeutel wird seit dem Jahr 1709 verwendet, und die innen hohle Eichenfigur des heiligen Nikolaus als Namenspatron wurde um 1300 gefertigt, auch der Taufstein stammt aus dieser Zeit. Übrigens betraten die Männer die Kirche früher durch den Südeingang, die Frauen von der Nordseite her. Längst sind moderne Zeiten angebrochen, und seit 2017 ist sogar der Turm nach einer dringend notwendigen Sanierung wieder betretbar.

Adresse Kirchweg, 25938 Wyk auf Föhr (Boldixum) | Öffnungszeiten tagsüber außerhalb der Gottesdienste immer zur Besichtigung offen | Tipp Zur Kirche St. Nicolai gehört die Jugendkapelle in der Süderstraße 17 in Wyk mit einem Eine-Welt-Laden auf dem Glockenboden. Geöffnet Mo, Mi und Do 10–12 Uhr und Fr 16–18 Uhr.

45 Der Klingelmann

Nachrichtenverbreitung mit Tradition

Ein Ortspolizist, ein Polizeidiener, ein Fischer, ein Schuldiener, ein Schlachter und ein Schiffskoch – auf den ersten Blick haben diese Männer nichts gemeinsam, und doch eint sie eine gemeinsame Tradition: Sie waren der »Klingelmann«.

Was es damit auf sich hat? Alles begann mit dem Ortspolizisten Peter Riekenberg (1827–1904), der im Swarte Lock Gang (siehe Ort 97) wohnte und als Gesetzeshüter nicht nur für Ruhe und Ordnung, sondern auch für die schnelle Verbreitung amtlicher Nachrichten sorgte, indem er mit seiner Glocke durch die Straßen von Wyk zog.

Der Fischer Jens Jensen (1856–1944), den Wykern besser bekannt als Jens Moos, erweiterte den Aufgabenbereich des Klingelmanns zum Informationsverteiler für jedermann. So erfuhr man, wo es Sonderangebote gab oder Veranstaltungen stattfanden. Im Dezember machten sein echter weißer Rauschebart und ein roter Mantel aus ihm ganz schnell den Weihnachtsmann. Sein Nachfolger Carl Carstens (1881–1979) rief bis ins hohe Alter die Nachrichten aus – unvergessen für viele das Bild, wie der kleine, schmächtige Mann »bi de Pump« (siehe Ort 73) in der Carl-Häberlin-Straße stand, die Glocke und einen Zettel in der Hand. Als er 1979 mit knapp 100 Jahren starb, sah es drei Jahrzehnte lang so aus, als würde diese Tradition aussterben.

Bis der Wyker Knudt Kloborg, pensionierter Schiffskoch, beim Besuch der Flensburger Rumregatta eine Handglocke für 25 Euro ersteht. Dazu passte die alte Lotsenuniform vom Dachboden, die echte Kapitänsmütze vom Sohn Jan-Reinhold, ein blaues Fahrrad und Opas Holzkiste, in der er Flyer und das Spendenschiff für die Gesellschaft zur Rettung Schiffbrüchiger aufbewahrt – und so ist er seit 2009 Klingelmann mit Leib und Seele. Wichtige Nachrichten wirft man ihm als Notiz in den Briefkasten neben dem unverkennbaren Türschild, aber der moderne Klingelmann von heute ist auch per E-Mail erreichbar.

Adresse Mittelstraße 15, 25938 Wyk auf Föhr | **Öffnungszeiten** Der Briefkasten ist für wichtige Nachrichten immer zugänglich | **Tipp** Schauen Sie in der urigen Hafen- und Seemannskneipe »Glaube, Liebe, Hoffnung« in der Hafenstraße 28 vorbei, ein Kultlokal, das selbst eine tragische Geschichte hat. Sein Wirt wählte 2010 den Freitod und hinterließ der Gesellschaft zur Rettung Schiffbrüchiger Haus und Kneipe, die unterdessen an Franco di Costanzo verkauft wurden, der vor gut 50 Jahren der erste Italiener auf der Insel war. Trinken Sie bei ihm ein »Flens« oder einen »Föhrer Manhatten« und lassen Sie sich von den Insulanern Geschichte(n) erzählen – aber kein Seemannsgarn aufbinden.

46 Die Knutsen-Grabplatte

Ein seltsamer Leichenstein

Oft ist die Rede von einem der ältesten auf Föhr erhaltenen Grabsteine aus dem Jahr 1604, der an der St.-Nicolai-Kirche in Boldixum rechts von der Sakristei mit starken Eisenklammern an der Kirchenmauer verankert ist. Selbstredend geht man davon aus, dass dies schon immer sein Platz war, denn der Artikel in der Föhrer Zeitung von 1911 mit der Überschrift »Seltsamer Leichenstein« ist bis dato in Vergessenheit geraten. Dieser berichtet jedoch vom Gastwirt Flemming, der seine 1855 errichtete Gastwirtschaft in Boldixum in besagtem Jahr umbaute und vor der Hintertür eine große Steinplatte im Erdboden fand. Tatsächlich ist es keine Seltenheit, dass Grabsteine zweckentfremdet wurden.

Jedoch, als der Gastwirt den Stein anheben ließ, »zeigte er sich als ein gut erhaltener Grabstein von eigenartiger Beschaffenheit«. Und nachdem der Fund gesäubert war, offenbarte die Inschrift die wahre Besonderheit: »Anno 1604 starb seollige [selige] Cateryne Knutsen up Heylligenley den 3. Iuliyus.« Das Relief einer »Frauensperson in der altfriesischen Tracht mit Haube, Kragen, Mieder und Faltenrock treten deutlich uns entgegen«.

Wie aber kam der seltsame Leichenstein vor diese Tür? Ein Rätsel schon zum Zeitpunkt des Fundes. Es ist »kaum anzunehmen, daß der Stein von dem Friedhof unserer St. Nikolai-Kirche (sic!) entfernt worden ist«. Unwahrscheinlich ist aufgrund der Inschrift auch, dass sie auf Föhr starb. Stattdessen mutmaßt die Zeitung, dass der Grabstein zum Hauseingang auf Föhr wurde, als man die Kirche bei der Warft Hilligenley auf der Hallig Nordmarsch (heute Langeneß) 1737 nach einer Sturmflut abreißen musste. Andererseits erhielt der Boldixumer Pastor pro Jahr vier Schilling und einen Käse für Verstorbene von Nordermarsch, die er beisetzte. Womöglich war auch Cateryne Knutsen darunter? Vielleicht klärt sich das auch noch eines Tages. Aber manche Dinge nimmt man eben nicht nur mit ins Grab – manchmal bewahren auch Grabplatten ihre Geheimnisse.

Adresse Friedhof St. Nicolai, Kirchenweg, an der südöstlichen Kirchenmauer, 25938 Wyk auf Föhr (Boldixum) | **Öffnungszeiten** tagsüber immer zugänglich | **Tipp** Der vermutlich älteste Föhrer Grabstein mit der schlichten Inschrift »Anno 1600 PP« wurde ebenfalls zufällig entdeckt, als die Küsterin Katharina Fuchs im September 2018 auf dem Friedhof vor der Kirche St. Johannis in Nieblum ein Grab aushob und mit dem Bagger auf Granit stieß. Heute steht er aufgereiht neben anderen Granitfragmenten fast übersehbar und doch direkt beim Eingang zum Friesendom in Nieblum.

47 Das Königs-Haus

Wo der dänische König seine Sommerfrische genoss

Mit seinem ersten Besuch im Jahr 1842 läutete der dänische König und Herzog von Schleswig, Christian VIII., die sogenannte »Königszeit« für Wyk ein. Fünf Sommer in Folge weilte er zur Kur und sorgte so als »Werbebotschafter« für wirtschaftlichen Aufschwung auf Föhr, zu dem er auch selbst beitrug. Kost und Logis für sein 79 Personen umfassendes Gefolge betrugen 2.122 Reichsbankthaler. Für ihn sollte es 1844 ein eigenes Haus mit Meerblick sein, er kaufte es vom Werftbesitzer Friedrich Nommensen. Es stand anstelle der heutigen Hausnummer 5 in der Königstraße, und damit ist auch geklärt, wie die Straße später zu ihrem Namen kam.

Erstmals besuchten über 1.000 Kurgäste im Verlauf der Saison das Seebad. Doch seit 1846 war der König auf Föhr nicht mehr gern gesehen, da er Schleswig per Gesetz unter seinen dänischen Königsmantel holen wollte. Sein Sohn und Nachfolger brachte 1848 Krieg, auch über Föhr, entsprechend schlecht war das Bad besucht und am Ende hoch verschuldet. Friedrich VII. ließ das Königshaus 1853 versteigern, den Zuschlag bekam Lorenz Redlefsen für 3.306 Reichsbankthaler.

Das große Unglück geschah am 7. Mai 1857, als Redlefsen sein Königshaus, wie es noch immer im Volksmund hieß, renovieren ließ und das Dachgeschoss dabei in Brand geriet. »In 6–8 Stunden war die Hälfte des Fleckens in Asche gelegt. Über 100 Gebäude, darunter 96 Wohnhäuser, verbrannten, 180 Familien obdachlos.«

Nach dem Wiederaufbau weilte König Friedrich VII. 1860 im Hotel, Redlefsen starb 1870, doch das Hotel lebte unter seinem Namen weiter. 1886 empfahl es der neue Besitzer Tewee »auf das Angelegentlichste«, denn das Redlefsen's Hotel »liegt unstreitig in bester Lage und hat die größten und schönsten Räumlichkeiten aufzuweisen«. Zudem werden »civile Preise und eine prompte Bedienung zugesichert«. 1965 wurde das Hotel abgebrochen und stattdessen das erste Hochhaus Wyks errichtet.

Adresse Königstraße 5, 25938 Wyk auf Föhr | **Öffnungszeiten** vom Strand aus am besten vorstellbar, wie die Lage des Königshauses war | **Tipp** Vor dem Königshaus, an dessen Stelle heute Wyks erstes Hochhaus steht, finden Sie am Strand noch Reste von Buhnen, die heute Stolperfalle und hübsches Fotomotiv in einem sind, ursprünglich jedoch Küstenschutzversuche aus Holz, Stein und Stahl waren.

48 Die Krabbenkutter

Oder auch: Die Krabbe in der Krise

Krabbenfang ist eine Wissenschaft für sich, und das beginnt schon beim Namen. Denn was da im Netz landet, wird nur umgangssprachlich als Krabben bezeichnet, streng genommen sind es Nordseegarnelen. Gemeine Strandkrabben gehören wiederum nicht ins Netz – »gemein« zwar nur im zoologischen Sinne, aber sie kann trotzdem fies zwicken. Unser gewünschtes Fanggut ist also die Nordseegarnele, die zur Art der Garnelen und damit zu den Zehnfußkrebsen gehört und noch mehr Namen hat – vom wissenschaftlichen Crangon crangon über Porre oder Granat, Knat bis hin zu Strandgarnele und Nordseekrabbe. Sind bei Ihnen schon alle Klarheiten beseitigt?

Apropos klar: Ein Krabbenfischer fischt am liebsten im Trüben, denn dann sind die Nordseegarnelen unterwegs. Die schutzlosen Tiere lieben aufgewühltes Wasser, in dem sie für ihre Fressfeinde schlechter sichtbar sind. Tagsüber gräbt sich die Nordseegarnele auch gern mal in den sandigen Meeresboden ein. Noch ein Grund mehr, weshalb ein Krabbenfischer häufig nachts auf Tour geht.

Die Zeiten, in denen im Hafen ganze Flotten von Krabbenkuttern festgemacht haben, reichten bis in die 1980er Jahre, doch mittlerweile gehören Krabbe und Krise fest zueinander. Mal gibt es wie in der Saison 2016/17 gefühlt keine einzige Krabbe mehr, dann wieder liegen die Fangbeschränkungen bei 1.500 Kilogramm pro Woche. An Bord wird der lebende Beifang (Gammel) gleich aussortiert, danach landen die Krabben für sieben Minuten im siedend heißen Seewasser und rutschen anschließend durch ein Rohr in den minus zwei Grad kalten Kühlraum. Danach geht es in den Direktvertrieb auf der Insel oder zum Großhandel nach Dagebüll.

Und wenn Sie nun vor lauter Namen nicht mehr wissen, wie Sie selbst heißen, dann kaufen Sie sich doch eine Tüte ungeschälter Krabben. Beim Krabbenpulen haben Sie genug Muße zum Nachdenken – es sei denn, Sie nehmen an einem Krabbenpulwettbewerb teil.

Adresse Hafendeich, 25938 Wyk auf Föhr | Öffnungszeiten jederzeit von außen zu besichtigen | Tipp Ungeschälte Krabben zum Pulen gibt's auf dem sonntäglichen Fischmarkt in Wyk und bei Mini Denker's Fischposten am Hafen.

49_Das Kriegerdenkmal

Ein versteckt gelegenes Mahnmal

Der 1. August 1914 ist ein sonniger Tag, und die Kurgäste genießen die Badefreuden. Die Nachricht platzt wie eine Bombe in die Urlaubsidylle: Allgemeiner Mobilmachungsbefehl. Die Schiffe der Wyker Dampfschiffs-Reederei (siehe Ort 74) befördern nur noch Rekruten, die zu ihrer Einheit aufs Festland gelangen müssen. Die Kurgäste verlassen die Insel mit privaten Booten.

Die Nachbarinsel Sylt wird kriegswichtige Festung, Föhr steht den Kurgästen jedoch weiterhin offen. Im Jahr nach Kriegsbeginn kommen 2.464 Gäste – doch das ist nur eine Seite der Medaille. Sammeln, sparen, schuften – das war die Parole auch für die Föhrer Kinder, die kaum mehr zur Schule gingen, weil Heizmaterial fehlte oder weil sie auf dem Feld sowie beim Wertstoffsammeln helfen mussten. Wolle, Zink, Blei, Gummi, Kupfer, aber auch Knochen. Jawohl, Knochen als begehrter Rohstoff. In vier Monaten sammeln Kinder aus Goting rund 180 Kilogramm Knochen – und Blumen für die Gräber der Soldaten, die 1914 nach der Seeschlacht vor Helgoland auf Föhr angetrieben werden.

Am Ende des Ersten Weltkriegs haben allein 81 Männer aus Wyk ihr Leben auf dem Feld gelassen – das bedeutete angesichts von rund 300 Häusern in Wyk, dass im Schnitt jeder vierte Haushalt einen Toten zu beklagen hatte. Auf dem versteckt gelegenen Ehrenmal in Süderende sind 27 gefallene Soldaten verzeichnet. Auf dem Sockel steht: »Den Gefallenen zur Ehre Den Lebenden zur Mahnung Kommenden Geschlechtern zur bleibenden Erinnerung gewidmet von der Gemeinde St. Laurentii.« Um die Stele herum sind 56 Gedenksteine für die Opfer des Zweiten Weltkriegs wie zur Mahnwache im Halbkreis angeordnet.

»Unser Opfer ist Eure Verpflichtung: Frieden« steht auf einem weiteren Gedenkstein auf dem Friedhof der St.-Nicolai-Kirche – davor 62 Kriegsgräber aus der Zeit des Zweiten Weltkriegs. Hoffen wir, kein drittes Mahnmal errichten zu müssen.

Adresse Taftem Hoofstigh, 25938 Süderende | **Öffnungszeiten** immer zugänglich | **Tipp** Hinter dem Ehrenmal steht mittig in der Reihe der Gedenksteine für die Opfer aus dem Zweiten Weltkrieg ein Findling mit einer Inschrift in Fering, der Sprache, die nur auf der Insel gesprochen wird. Übersetzt lautet sie: Euer Grab in der Fremde, wo Ihr seid geblieben, hier stehen Eure Namen in Stein gemeißelt und Blumen blühen Euch zur Ehre. Herrgotts Friede ist hier und dort.

50 Das Kurhaus Hotel

Wo Johann Strauss Sohn den Nordsee-Walzer komponierte

Am 4. August 1929 wurde bei einer Gedenkfeier am Kurhaus Hotel eine Kupfertafel für Johann Strauss Sohn (1825–1899) enthüllt, dem »das Leben ein Tanz und der Tanz das Leben war«, denn hier hatte er 50 Jahre zuvor seinen berühmten Walzer »Nordseebilder« komponiert. Das heutige Kurhaus wurde 1912/13 (um)gebaut, Strauss bewohnte 1878 und 1879 »zwei Parterrezimmer in dem der Witwe Petersen gehörenden, nördlich dem Kurhaus gelegenen Hause, das später ausgebaut und seine gegenwärtige Gestalt erhielt«. Die beiden Strauss-Zimmer sind 1929 noch erhalten. »Etwas Großes hat er der Menschheit gegeben«, heißt es in der Rede des Wyker Bürgermeisters Dr. Kuno Meyer.

Die Kurkapelle spielte bei der Gedenkfeier zu Ehren des Walzerkönigs »Die Fledermaus«, »An der schönen blauen Donau« und natürlich die »Nordseebilder«. Den Taktstock schwang ein langjähriger Kurgast Föhrs, Oscar Fetrás, der »Hamburger Walzerkönig« und zugleich ein Freund von Johann Strauss Sohn.

Die Reise 1878 war übrigens zugleich die Hochzeitsreise von Strauss mit seiner zweiten Frau Angelica, die er – nur 50 Tage nach dem Tod seiner ersten Frau »Jetty« – am 28. Mai 1878 geheiratet hatte. Gut vier Jahre später wurde diese Ehe geschieden. Die dritte, 31 Jahre jüngere Ehefrau von Strauss, Adele, nahm 1929 die Reise zur Gedenkfeier nach Föhr nicht auf sich.

Apropos strapaziöse Reise: Bei seinem ersten Föhr-Besuch ließ sich Strauss von Kurgast H. W. Müller zu einer kleinen Segeltour überreden – obwohl er lieber festen Boden unter sich hatte. Es kam, wie es kommen musste. Als sie von Dagebüll zurückfuhren, »war der Wind aus S.-W. aufgefrischt; es dampfte fortwährend stark über«, ihr Segelboot »Taube« schwankte, als würde es Walzer auf den Wellen tanzen. Zurück auf der Insel, sagte Strauss zu Müller, dass »die Fahrt ein Nordseebild für ihn gewesen sei«, und fügte hinzu: »Mit Ihnen fahre ich nimmermehr.«

Adresse Sandwall 40, 25938 Wyk auf Föhr | Öffnungszeiten jederzeit von außen zu besichtigen, Übernachtungen ebenfalls möglich, weitere Infos unter Tel. 04681/792 und www.kurhaushotel-wyk.de | Tipp Gehen Sie neben dem Kurhaus den Durchgangsweg bis zum Ende. Dort stoßen Sie auf das vermutlich älteste Haus in Wyk aus dem Jahr 1711. Betrachten Sie die interessante historische Inschrift über dem Eingang, die ein Hinweis darauf ist, dass der ehemalige Hausbesitzer Pastor Fobbe Missionar in Afrika gewesen ist.

51 Lembecksburg

Sagenhafte Ringwallanlage mit gruseligem Fund

Schon der Reiseführer von 1886 weist auf die Lembecksburg hin, allerdings mit dem Kommentar, dass sie »nichts anderes als ein runder, mit Gras bewachsener Erdwall« sei. Die Entstehungszeit der tatsächlich archäologisch bedeutsamen Ringwallanlage mit einem Durchmesser von rund 95 Metern und einer Höhe von acht bis zehn Metern wird auf das 10. bis 11. Jahrhundert geschätzt, da die meisten Funde aus der Wikingerzeit datieren.

Erste Ausgrabungen nimmt das Landesamt für Vor- und Frühgeschichte aus Schleswig 1951 vor. Reste einfacher Sodenwandhäuser, Bodendielen, eine Pfeilspitze, eine Bronzeschnalle, ein Bernsteinanhänger, ein Schuh-Lederstück sowie verschiedene Keramikreste deuten auf eine längere Besiedelung hin. Möglich erscheint die Verwendung als Fluchtburg für die einheimische Bevölkerung, oder die Anlage diente den skandinavischen Wikingern um 1000 nach Christus als Stützpunkt für ihre Seezüge.

Wie die Burg zu ihrem Namen kam, ist im wahrsten Sinne des Wortes eine sagenhafte Geschichte, die auf eine Fehde zwischen dem Ritter Claus Lembeck und dem dänischen König Waldemar IV. im 14. Jahrhundert zurückgeht.

»Schon bei einer kleinen Voruntersuchung an der Lembecksburg machte ich einen vielversprechenden Anfang«, berichtet der Archäologe Dr. Reinhard Schindler aus Hamburg 1952 in einem Zeitungsartikel im Insel-Boten unter dem Titel »Wenn Stadtarchäologen auf dem Lande graben«. Auf Einladung von Professor Jankuhn sollte er sein »Spatenglück« versuchen. Also legte er einen Schnitt durch den hohen Wall bis hin zum vorgelagerten Burggraben, und dort stieß er auf einen unerwartet gruseligen Fund aus jüngerer Zeit: »Oh Unglück, die Grabungsstelle, die ich ausgesucht hatte, traf mitten in die Senkgrube eines ehemaligen HJ-Lagers.« Darin ruhten die »noch sehr frischen, kaum 20jährigen menschlichen Überreste im Vorgelände der Lembecksburg«.

Adresse Wolken-Damm, 25938 Borgsum | **Öffnungszeiten** immer zugänglich | **Tipp** Archäologische Fundstücke der Ausgrabungen bei der Lembecksburg können Sie im Friesen-Museum in Wyk besichtigen.

52 Der Lembke-Hain

Harte Strafen gegen »Baumfrevler und Unfugmacher«

Alles begann mit 2.300 Mark, die der Flensburger Kaufmann Jakob H. Lembke dem Heidekulturverein 1881 stiftete. Der Föhrer Apotheker Stockmann, Vorsitzender des »Vereins für Anpflanzungen« in Wyk, durfte das Geld – durch Zinsen auf 2.450 Mark angewachsen – 1888 dazu verwenden, ein acht Hektar großes Gelände am Wyker Südstrand mit Bäumen zu bepflanzen, das die Wyker Sparkasse im selben Jahr für 4.500 Mark erworben und dem Ort geschenkt hatte. Der Apotheker Stockmann nahm am 19. November 1889 den ersten Spatenstich vor. »Das Werk, welches wir jetzt beginnen, der Lembke-Hain, er möge blühen, wachsen und gedeihen, den Gesunden eine Herzensfreude, den Kranken sei er ein Trost im Leide.« 1902 war die Bepflanzung abgeschlossen – dem Nordseeklima zum Trotz mit robusten Kiefern. »Mit Recht darf Wyk auf diese Anpflanzung, die in solcher Schönheit an der ganzen Nordsee nicht zum zweiten Male vorkommt, stolz sein«, schwärmt der Reiseführer von 1903.

Bereits im Oktober 1882 legte Stockmann einen Weg zu den Bädern an, zu beiden Seiten mit Tannen bepflanzt, den man noch heute windgeschützt mit Meerblick begehen kann. Er erstreckt sich vom Rebbelstieg bis zur Badestraße und erhielt 1891 zu Ehren des Wyker Apothekers, der bereits um 1870 erste Versuche mit Tannenanpflanzungen auf Heide- und Sandboden machte, den Namen Stockmannsweg.

Anfang Juli 1902 wurde der Lembke-Hain feierlich der Öffentlichkeit übergeben und ein Granitstein zu Ehren des Stifters Lembke gesetzt, auf einer großzügigen Lichtung mit Parkbänken, so schön, dass sie der Abbildung auf Postkarten wert war – heute ist sie zugewachsen.

Gegen »Baumfrevler und Unfugmacher« wurden im Lembke-Hain übrigens unverhältnismäßige Strafen verhängt – das ging so weit, dass 1906 ein achtjähriger Junge angezeigt wurde, weil er einen Zweig, »der so dick wie der kleine Finger des Jungen war, abgeknickt hat«.

Adresse Zugang unter anderem vom Stockmannsweg aus, zwischen Olhörnweg und Parkstraße, 25938 Wyk auf Föhr | Öffnungszeiten immer zugänglich | Tipp Der große Spielplatz Löwenhöhle mitten im Wald, Zugang zum Beispiel beim Grünstreifen 18, ist bei Kindern sehr beliebt. Die ansprechenden Spielgeräte sind für Kinder von zwei bis zwölf Jahren geeignet. Eine Rasenfläche lädt zum Picknicken und Ballspielen ein. Öffentliche Toiletten sind ebenfalls vorhanden.

53 Der Leuchtturm Nieblum

Allein auf weiter Flur

»Huch, ein Leuchtturm fernab der Küste, allein auf weiter Flur?«, entfährt es einem unweigerlich, wenn man den elf Meter hohen Leuchtturm von Nieblum erblickt. Schließlich steht er rund 400 Meter vom Strand entfernt und ist von dort aus nur schwer zu sehen. Das ist doch ein Schildbürgerstreich! Schließlich muss ein Leuchtturm an der Küste stehen und weithin sichtbar sein, so kennt man das, nicht zuletzt von Deutschlands höchstem Leuchtturm Campen an der Emsmündung, der es auf 65,3 Meter Höhe bringt. Streng genommen liegt der Rekord beim Leuchtfeuer Travemünde mit imposanten 119 Metern, da es kurzerhand auf das Hotel Maritim gesetzt wurde, nachdem der Bau den alten Leuchtturm verdeckte.

Dass der ungewöhnliche Standort mit Bedacht gewählt wurde, beweist der Leuchtturm von Nieblum mit seinen elf Meter Höhe und der Lichtkanone mit der 250 Watt starken Halogenglühlampe, deren Licht 19 Seemeilen – also rund 35 Kilometer – weit reicht. Seine wichtige Funktion als Sektorenleitfeuer erfüllt er seit seiner Inbetriebnahme 1981 zuverlässig, und das trotz der gefährlich starken Strömung bei der Ansteuerung des Rütegrats zwischen der offenen Nordsee und den Inseln Amrum und Föhr. Der Turm aus Aluminium ist baugleich zum Leuchtfeuer Nebel auf Amrum (nicht zu verwechseln mit dem Leuchtturm Amrum) und mit Gewindebolzen auf einem Fundament befestigt. Das Laternenhaus besteht aus korrosionsbeständigen Edelstahl- und Bronzeteilen und ist rundum versiegelt.

Zum Leuchtturm müssen Sie den Weg schon kennen, da er einem Landei nicht von Weitem den Weg weist. Gehen Sie von Nieblum aus den Heidweg weiter in Richtung Strand, dort steht er auf halber Strecke plötzlich vor Ihnen. Direkt am Fuße des Leuchtturms befindet sich ein Betriebsgebäude mit Flachdach, sodass es auf manchen Fotos so wirkt, als stünde der Turm auf dem Gebäude. Aber so ist das eben – der erste Eindruck kann täuschen.

Adresse Heidweg 14, 25938 Nieblum | Öffnungszeiten jederzeit von außen zu besichtigen | Tipp Gehen Sie vom Leuchtturm aus weiter bis zum Strand. Dort stoßen Sie auf einen hübschen Bohlenweg, der sich vom Goting-Kliff über Kilometer hin am Meer entlang bis nach Wyk erstreckt und sich dort mit der Promenade verbindet. Zahlreiche Bänke laden unterwegs zu einer Pause ein, damit man den Ausblick gemütlich genießen kann. Wunderschön!

54 Der Leuchtturm Olhörn

Klein, aber oho!

Am Wyker Südstrand ist ein reger Schiffsverkehr im Fahrwasser der Norderaue zu beobachten, wie es ihn vor keiner anderen Nordseeinsel gibt. Und doch ist der Föhrer Leuchtturm mit seinen zehn Metern Höhe kaum größer als der niedliche reetgedeckte Leuchtturm der Hallig Oland, der es auf 7,45 Meter bringt – die Stellen hinter dem Komma nicht zu vergessen!

Auf Föhr wurde bereits 1892 an der »Strömungsstelle Olderhörn« ein rund acht Meter hohes Holzgerüst mit Petroleumlampe erbaut, um den Schiffen »Wink und Warnung zu sein«. Naturgemäß war dieses Licht gerade bei schlechten Wetterverhältnissen nur ein schwacher Wink. Ende 1912 wurde anstelle der hölzernen Bake ein 11,5 Meter hohes schmiedeeisernes Gerüst errichtet, das der Wyker Jugend bis in die 1950er Jahre verbotenerweise als Klettergerüst und für so manche Mutprobe diente.

Der gefährliche Spaß war 1953 vorbei. Auf Veranlassung des Wasser- und Schifffahrtsamts Tönning wurden anstelle des Gerüsts von der Föhrer Tischlerei Niemann vier Eichenpfähle in den weichen Untergrund gerammt, zur sicheren Verankerung der massiven, ein Meter starken und vier mal vier Meter großen Sockelplatte aus Stahlbeton. Darauf errichtete die Baufirma Behm ein acht Meter hohes, zweischaliges Rotsteinmauerwerk, das innen begehbar ist. Für das weiß lackierte Laternenhaus mit dem mützenartigen Dach war die Firma Matzen zuständig. Dieser Aufbau machte noch einmal zwei Meter aus, sodass das Quermarkenfeuer am Ende auf zehn Meter Höhe kam.

»Das neue Olhörn-Leuchtfeuer macht einen sehr soliden und zweckentsprechenden Eindruck«, befand der Insel-Bote nach der Einweihung, und man war stolz auf das elektrische Licht mit einer Stärke von 100 Watt, das bei klarer Sicht etwa 11,5 Seemeilen weit zu sehen war. Die heutige Halogenglühlampe bringt es auf 250 Watt und eine Tragweite von 13 Seemeilen, was rund 24 Kilometern entspricht. Klein, aber oho!

Adresse Promenadenweg Höhe Olhörnweg, 25938 Wyk auf Föhr | Öffnungszeiten jederzeit von außen zu besichtigen | Tipp Gehen Sie vom Leuchtturm den Stockmannsweg weiter in nördliche Richtung zum Aquaföhr. Dort befindet sich ein idyllischer Teich, wo sich gern auch mal einer der Föhrer Störche aufhält.

55 Das Lütte Hus

Schlumpfhausen mitten in Wyk

»Guck mal, wie niedlich!« Diesen Ausruf hört man in der Mittelstraße ziemlich oft, denn von dort hat man beste Sicht auf das kleine Haus, das im Jahr 1778 erstmals erwähnt wird. Es ist als eines der wenigen Häuser in diesem Bereich von den großen Stadtbränden 1857 und 1869 verschont geblieben.

Geht man näher, entdeckt man an der Hauswand ein Schild: »Lieber Gast! Bitte keine Halme (Reet) rausziehen. Wenn jeder einen Halm nehmen würde, hätte ich bald kein Dach mehr über dem Kopf. Der Eigentümer.«

Ja, das Haus ist so niedrig gebaut, dass selbst kleinere Menschen das Dach anfassen können, ohne sich auf Zehenspitzen stellen zu müssen – da ist es offenbar verführerisch, die Halme rauszuziehen. Früher war das Reetdach das Dach des armen Mannes, schließlich wuchs das Schilfrohr als Rohstoff sozusagen vor der Haustür. Heutzutage stammt das Reet hauptsächlich aus der Ukraine, Russland und Westungarn. Der Import und die fachmännische Eindeckung sind kostspielig, auch in der Versicherung ist ein Haus mit Reetdach etwa doppelt so teuer – dafür brennt es auch doppelt so hell, sagen böse Zungen. Der Giebel über der Eingangstür ist nicht nur hübsch anzusehen, er erfüllt bei einem Brand einen wichtigen Zweck: Wenn brennendes Reet vom Dach rutscht, fällt es neben die Tür und versperrt nicht den Fluchtweg. Reetdachdecker gehören übrigens aufgrund ihrer Spezialisierung einer eigenen Innung an, und ihr Handwerk zählt seit 2014 zum deutschen immateriellen Kulturerbe der UNESCO.

Im Haus kann man überraschenderweise gut stehen, denn hinter der Eingangstür führen vier Stufen nach unten in einen modernen Wohnbereich – im Dachgeschoss (ja, das gibt es auch noch) befindet sich das Schlafzimmer. »Dat Lütte Hus« wurde 2008 aufwendig entkernt, saniert und renoviert. Die früheren Bewohner würden staunen – vor allem auch darüber, dass Erdhäuser als neuer Trend gelten.

Adresse Mittelstraße 21, 25938 Wyk auf Föhr | **Öffnungszeiten** nur von außen zu besichtigen; als Ferienhaus buchbar; weitere Infos unter Tel. 04681/570705 und https://ferien-auf-foehr.de/de/objekte/dat-luette-hus | **Tipp** In allen elf Inseldörfern finden Sie wunderschöne Beispiele typisch friesischer Architektur. Halten Sie nach einem Reetdachhaus Ausschau, das gerade neu eingedeckt wird. Ziemlich spannende Angelegenheit.

56 Die Meere

Ein Grundwassersee als Dorfteich

Die Meere – damit ist in diesem Fall nicht der Plural von »Meer« gemeint, es ist der Name des Grundwassersees in Nieblum. Tatsächlich kann man an der Meere den Grundwasserstand ablesen, denn der See entsteht dort, wo eine Senke tiefer liegt als der Grundwasserspiegel in diesem Bereich.

Das ist praktisch für die Verwendung als Viehtränke und als Löschwasserteich in früherer Zeit. In den Jahren 1888 und 1934 musste die Meere in Handarbeit vom Morast gereinigt werden, der Schlick landete unter anderem auf dem Land von Hinrich Bohn zwischen dem Dieksweg und Bobmeere, ein Gebiet, das heute bebaut ist. Nach getaner Arbeit versenkten die Männer übrigens eine Kassette mit ihren Namen in der Mitte der Meere.

In Zeiten starken Regens ist schnell ein hoher Wasserstand der Meere erreicht, dann sind Wege überflutet, und die Bäume stehen im Wasser – und die Bewohner der umliegenden Häuser. Da sah man im nassen Winter 2018 schon mal den Anwohner Jürgen Hansen 25 Eimer Wasser aus dem Heizungskeller tragen. Schnelle Hilfe musste her. Die Gemeinde ließ das Grundwasser Tag und Nacht abpumpen, der Wasserspiegel sank um 40 Zentimeter, und immerhin: »Am Wochenanfang waren es elf, jetzt nur noch etwa fünf Eimer«, stellte Jürgen Hansen daraufhin gegenüber dem Insel-Boten erleichtert fest.

Früher hatte die Nieblumer Dorfjugend beim »op Schotten« ein besonderes Vergnügen an der Meere: Dem voraus ging das Düngen der Felder, das »Mistfahren«, und entsprechend dreckig waren die Ackerwagen danach. Die Bauern brachten die Karren zur Meere und nahmen sie vor Ort zum Waschen auseinander. Die Wagenbretter nutzte die Dorfjugend kurzerhand als Floß, und wehe, einer fiel ins Wasser, dann war das Gelächter groß. Ein unfreiwilliges Bad ist ja an sich schon lustig, aber wenn gerade Mistwagen gewaschen werden, ist der Ausdruck sau-komisch wohl treffender.

Adresse Zugang Bi de Süd, 25938 Nieblum | Öffnungszeiten immer zugänglich | Tipp Gegenüber von »Namine Witt – Bistro – Restaurant – Feinkost« befindet sich der ehemalige Feuerlöschteich. Hier kann man auf der Radtour eine kleine Erholungspause auf Bänken im Schatten einiger Bäume einlegen und sich in dem legendären »Café Cappuccino« mit Eis und Waffeln stärken.

57 Der Miele-Gosche-Platz

Die Geschichte einer Goldgräberin und Gastwirtin

Miele Gosche – ein ungewöhnlicher Name, der so manchen an den traditionsreichen Haushaltsgerätehersteller denken lässt. Doch die Lösung liegt näher – und zwar am Rande des heutigen Miele-Gosche-Platzes in Boldixum, wo bis 1930 das Haus der Emilie Lisette Caroline Peters, genannt Miele Gosche, stand. »Gosche« bedeutet übrigens Großmutter.

Miele Gosche wird am 23. Januar 1843 als Tochter des Bäckers Ingwer Zimmermann in Nieblum geboren. Als Roluf Gerret Peters aus Amerika zu einem Besuch nach Föhr kommt, ist die junge Miele fasziniert von dem 14 Jahre älteren Föhrer, der wie so viele sein Glück als Goldgräber versucht. Schon kurz nach der Hochzeit folgt sie ihm nach Kalifornien, wo er in einer Goldmine arbeitet und sie die Wäsche der Männer wäscht und dafür mit Gold entlohnt wird. Sechs Jahre später kehren die Eheleute mit einem beträchtlichen Vermögen zurück, kaufen das Haus am heutigen Miele-Gosche-Platz und eröffnen eine Gastwirtschaft. Sie bekommen zwei Töchter und zwei Söhne, doch ihr Mann stirbt mit nur 57 Jahren, und fortan führt sie den Betrieb lange als Witwe weiter. Am 20. Juni 1937 verstirbt Miele Gosche mit 90 Jahren.

2011 wurde der Miele-Gosche-Platz umgestaltet – hauptsächlich von den Boldixumern in Eigenregie, denn ihnen liegt »ihr Platz« seit Generationen am Herzen. Von alters her war er Sammelplatz, Ort für Feste und Jubiläumsfeiern sowie Spiel- und Bolzplatz.

Lange erinnerten sich die Boldixumer noch an den Vers, den sie nachts auf den Gassen sangen: »Nach Hause, nach Hause geh'n wir nicht, bei der Miele brennt noch Licht.« Und man erzählt sich, dass die beliebte Gastwirtin auch zu später Stunde niemanden abwies, selbst wenn das Feuer im Küchenherd längst gelöscht war und die Miele zu Bett gehen wollte. Sie servierte ihren späten Gästen den gewünschten Grog – das heiße Wasser dafür entnahm sie kurzerhand ihrer Wärmflasche.

Adresse Miele-Gosche-Platz, 25938 Wyk auf Föhr (Boldixum) | **Öffnungszeiten** immer zugänglich | **Tipp** Auf dem Miele-Gosche-Platz steht auch der Ortsstein von Boldixum. An dem Platz vorbei führt die Ocke-Nerong-Straße. Ocke Nerong wurde 1852 in Oevenum auf Föhr geboren und war später Lehrer in der einklassigen Dorfschule in Alkersum sowie Autor von Chroniken, Dorfbeschreibungen und genealogischen Veröffentlichungen.

58 Die Milchbar

Wo der Wyker Wetterfrosch wohnte

Wo man heute mit Meerblick gemütlich Milchreis schlemmt, lag früher das Warmbadehaus, in dem seit 1819 warme Bäder verabreicht wurden. Bloß nicht ins offene Meer! Meerwasser wurde bei jeder Flut in einen großen viereckigen Holzkasten gepumpt, der rechts neben dem Musikpavillon (siehe Ort 65) stand. An zwei hölzernen Pumpen wechselten sich vier Männer ab. Über Rohre gelangte das Wasser zu den sieben Badekammern und zum Heizkessel. An den Eichenwannen befanden sich zwei Wasserhähne für kaltes und warmes Seewasser – hochmodern also!

Georg Weigelt d. Ä. (1816–1885) kaufte die 1819 gegründete Badeanstalt am 26. April 1856 für 56.250 Mark Courant. Seine Leidenschaft galt jedoch der Wetterbeobachtung, die er im Garten hinter seiner Warmbadeanstalt noch im gleichen Jahr begann. In einer Publikation warb er für die Heilwirkung des Nordseeklimas – ein damals ganz neuer medizinischer Gedanke.

Nach dem recht frühen Tod seines Vaters mit 69 Jahren erhielt Georg Weigelt d. J. (1850–1941) im Juli 1887 den offiziellen Auftrag des Königlich Preußischen Meteorologischen Instituts, eine Station dritter Ordnung einzurichten.

Dreimal täglich zeichnete er Temperatur, Barometerstand, Bewölkungsart, Niederschlagsmenge, Windrichtung und Windstärke auf. Georg Weigelt d. J. verwaltete dieses Amt »ein Menschenalter hindurch mit beispielloser Treue«. Auch die Eröffnung der Bioklimatischen Forschungsanstalt 1926 unter Gmelin (siehe Ort 26) und Häberlin (siehe Ort 34) im heutigen Kurpark (siehe Ort 67) beeindruckte ihn nicht. Bis 1937 füllte er die Listen penibel aus, dann musste er aus gesundheitlichen Gründen aufhören – da war er 87 Jahre alt. Vier Jahre später starb er. Viele trauerten »ihrem Wyker Wetterfrosch« nach, der täglich seine Wettermeldungen in einem kleinen Schaukasten an einem Baum vor der heutigen Milchbar aufhing. Denken Sie mal beim Kaffeetrinken an ihn.

Adresse Sandwall 42, 25938 Wyk auf Föhr | Öffnungszeiten Fr–Mi 9–20 Uhr, weitere Infos und Reservierungen unter Tel. 04681/8250 und www.cafemilchbar-wyk.de | Tipp Seit 2011 steht in Zusammenarbeit mit der Wyker Dampfschiffs-Reederei Föhr-Amrum GmbH eine Wetterstation am Fähranleger von Wyk. Die von Amrum gesendeten Live-Wetterdaten können Sie unter www.nordwind-ev.de einsehen und unter anderem beobachten, wie sich Windstärken- und Windrichtungsmesser mit jeder Böe bewegen. Aufzeichnungen im Sekundentakt, faszinierend!

59 Die Mittelbrücke

Wo einst die großen Dampfer anlegten

Eine erste fotografische Aufnahme der Mittelbrücke wurde um 1860 gemacht – eine doppelte Besonderheit, denn die Fotografie steckte zu dieser Zeit noch in den Kinderschuhen, und die Aufnahme stammte von Wyks erster professioneller Fotografin (!) Caroline Hammer.

Damals hieß die Brücke noch »Dampferbrücke«. Nomen est omen. Da die »Actiengesellschaft für die Dampfschiffahrt an der Westküste Schleswig-Holsteins« 1856 eine stetige Verbindung Husum–Föhr aufnehmen wollte und der Wyker Hafen (siehe Ort 35) als ewiges Sorgenkind der Stadt als Anlegestelle nicht in Betracht kam, wurde am 9. Februar 1856 die Genehmigung vom Amt Tondern eingeholt und die Wyker Schiffer Sievert Broder Volquardsen, Ketel Boysen und Andreas Paulsen mit der Wahl eines geeigneten Standorts beauftragt. Die Ausführung übernahm der Wyker Schiffszimmermann Peter Abraham Petersen. Kostenpunkt: 400 Reichsbankthaler für das Holz, 187 Reichsbankthaler Lohn. Die W.D.R – die Wyker Dampfschiffs-Reederei –, mit der Sie noch heute nach Föhr reisen, legte mit ihren Dampfern erstmals 1885 an der Brücke an – sehr zur Bequemlichkeit der Kurgäste, die nicht wie heute einen langen Weg in die Stadt hatten.

Um 1900 bot die Mittelbrücke ein buntes Bild an Segel- und Ruderbooten, die dort festgemacht hatten. Für die beliebten »Lusttouren« der Kurgäste standen elf kleine Segelschiffe sowie elf Ruderboote und vier Motorboote zur Verfügung, die sehr beliebt und 1908 sogar olympische Disziplin waren. Von der Schifferbank (siehe Ort 79) aus wurde das Geschehen genau beobachtet.

Ihren heutigen Namen hat die Brücke von der Mittelstraße, in deren gedachter Verlängerung sie steht. Zahlreiche Eiswinter und Überflutungen setzten der Brücke zu, sodass sie zuletzt 1980 aufwendig saniert wurde, inklusive Verlängerung und veränderter Plattform. Seit 2017 beschäftigt sich die Stadt mit 4,5 Millionen Euro teuren Neubauplänen.

Adresse Sandwall auf Höhe Mittelstraße, 25938 Wyk auf Föhr | **Öffnungszeiten** immer zugänglich | **Tipp** Während der Saison steht auf der Mittelbrücke das DLRG-Häuschen zur Überwachung des Strandabschnitts. Die Rettungsschwimmer informieren gern über ihre Tätigkeit und die besonderen Gefahren des Badens in der Nordsee.

60 Die Mittelstraße

Warum ein Knick in der Straße ist

Zwei große Stadtbrände wüten in den Jahren 1857 und 1869 in Wyk. Am 7. Mai 1857 bricht das Feuer im Königshaus (siehe Ort 47) aus und wird mit dem starken Ostwind schnell in den Ort hineingetragen. Über 100 Häuser werden ein Raub der Flammen, unter anderem in der Hafenstraße, Mühlenstraße, Westerstraße und am Sandwall.

Nur zwölf Jahre später das zweite große Brandunglück. Am 18. Juli 1869 plant die Badeanstalt, ihr 50-jähriges Bestehen zu feiern, doch in der Nacht vom 7. auf den 8. Juli 1869 bricht in der Tischlerei Dunker ein Feuer aus, insgesamt werden 80 Häuser in Schutt und Asche gelegt, betroffen sind Teile der Mühlenstraße, der Süderstraße, des Sandwalls und fast die gesamte Linie, an deren südlichem Ende der Brand ausbrach. Die Linie ist die heutige Mittelstraße und führte ursprünglich vom Glockenturm (siehe Ort 25) aus schräg durch den Ort bis zur Mühlenstraße.

Im Zuge des Wiederaufbaus änderte man auch die Straßenführung. Die Linie verlief nun parallel zur großen Straße und wurde in Mittelstraße umbenannt. Als Ergebnis der erfolgten Begradigung sehen Sie vor dem Lütte Hus (siehe Ort 55) einen deutlichen Knick in der Straße. Das Lütte Hus hat den Brand als eines der wenigen Häuser in diesem Bereich unbeschadet überstanden.

Zwar hingen bei vielen Reetdachhäusern die wichtigsten Hilfsmittel für Löscharbeiten griffbereit an der Außenfassade, doch oft genug war mit Feuerwischer und Feuerhaken nichts mehr auszurichten. Der Feuerwischer war eine lange Stange, an der ein Lumpenbündel befestigt war, das man in den Löscheimer tauchte, um kleinere Brandherde schnell im Keim zu ersticken. Bei größeren Brandherden griff man zum Feuerhaken, um das brennende Reet vom Dach zu reißen, doch oftmals ließ sich ein Vollbrand nicht mehr verhindern. Erst 1878 erfolgte auf Betreiben des Gastwirts Knud Schmidt die Gründung der ersten freiwilligen Feuerwehr in Wyk.

Adresse Mittelstraße, 25938 Wyk auf Föhr | Öffnungszeiten immer zugänglich | Tipp Gehen Sie in der Mittelstraße zu den Häusern mit den Nummern 21, 23 und 25. Bei den beiden großen Stadtbränden von 1857 und 1869 gehörten diese drei Häuser zu den ganz wenigen, die vom Feuer verschont blieben.

61 Monklembergem

Rätselhafter Friedhof

Nahe dem Friedhof von Süderende befinden sich versteckt gelegene Grabhügel von unterschiedlicher Höhe, die von einem rechteckigen Wall von rund 50 Meter Länge und 40 Meter Breite eingefasst sind. In der gängigen Literatur erfährt man lediglich, dass es sich bei Monklembergem um eine Grabstätte aus der Zeit um 900 nach Christus handelt.

Man muss im wahrsten Sinne des Wortes tiefer graben, um das Geheimnis zu ergründen – und genau das war 1952 der Plan des Archäologen Dr. Reinhard Schneider aus Hamburg, dessen bislang nicht beachteten Ausgrabungsbericht man (unerwartet lustige) Informationen entnehmen kann. Zunächst begann alles nach Plan. »Die Arbeiten waren vom ersten bis zum letzten Spatenstich von Herrn Lorenz Braren, dem wohlwollenden Geldgeber, der in seiner urwüchsigen Erscheinung wie ein guter Geist über der Sache schwebte, mit aufmerksamen Blicken verfolgt worden.«

Schneider kam zu dem Ergebnis, dass hier eine Familie ihre letzte Ruhestätte gefunden hatte und vor Ort verbrannt worden war, die, nach der Größe ihrer Grabhügel zu urteilen, im Land eine gewisse Bedeutung gehabt haben muss. Diese hat sich jedoch abseits der handeltreibenden Familien an der Godel (siehe Ort 27) und den deren Hügelgräbern von Hedehusum aufgehalten.

Am 30. August 1952 um drei Uhr nachmittags erreichte die Spannung ihren Höhepunkt. Zur feierlichen Öffnung eines Grabhügels, der nicht mit Sand, sondern mit Heidesoden aufgeschichtet worden war, kamen prominente Zuschauer, unter ihnen Dr. Carl Häberlin (siehe Ort 34) und der Prähistoriker Peter la Baume, dem nach Stunden der Geduldsfaden riss und der kurzerhand die Schaufel übernahm. »Nach drei solchen Spatenstichen schwenkte er, zum Gelächter aller Zuschauer, einen verrosteten Marmeladeneimer in der Luft herum.« Tatsächlich gefunden wurde eine Urne mit Leichenbrand und eine Eisenklinge, die eine Datierung in die Wikingerzeit ermöglichen.

Adresse Taftem Hoofstigh, dem Pfad zur Braren-Gedenkstätte folgen, dahinter liegt Monklembergem, 25938 Süderende | Öffnungszeiten immer zugänglich | Tipp Weitere Funde aus der Wikingerzeit auf Föhr sind im Friesen-Museum in Wyk ausgestellt. Wenn Sie sich noch tiefer für das »Frühe Leben der Friesen« interessieren, hören Sie den »Podcast Archäologie« des Friesen-Museums: www.friesen-museum.de/podcast-archaeologie, in dem Fachleute zu Wort kommen, die sich inhaltlich jedoch an den interessierten Laien wenden.

62 Das Monument

Ein Denkmal für einen dänischen König

»Zum Andenken der Anwesenheit unseres allgeliebten Königs auf der Insel im Sommer 1824, ward im August [1826] ein Monument errichtet, welches aus einem hohen, in Copenhagen gearbeiteten Stein besteht. Am 8. [August 1826] ward der Grundstein gelegt. Der Beamte in Osterland, Herr Landvogt Dorien, legte die mit einer Inschrift versehene silberne Platte hinein, und der Beamte im Westerteil, Herr Birkvogt Nielsen, vermauerte sie«, erfahren wir aus den Provinzialberichten 1826.

Der dänische König Friedrich VI. nahm am 27. Juni 1824 »die ganze Anstalt in Augenschein und geruhte seine besondere Zufriedenheit darüber zu erkennen zu geben«. Er verlieh der Seebadeanstalt den Titel Wilhelminen-Seebad, benannt nach seiner Tochter. Was waren die Föhrer stolz, doch bejubelt werden wollte der König nicht, der »sich ausdrücklich alle Feste verboten, da er lediglich gekommen sei, Land und Leute kennen zu lernen«.

So blieb er bis zum 29. Juni, und Pastor Asmussen von der St.-Nicolai-Kirche (siehe Ort 44) überreichte dem König ein Gedicht, einen Abriss der Geschichte Föhrs in Hexametern. Der König war also keineswegs inkognito unterwegs, wie oft kolportiert wird. Er reiste über die Insel bis nach Utersum, machte von dort einen Abstecher nach Amrum und fuhr über Nieblum zurück nach Wyk, wo er beim Gerichtsvogt von Colditz wohnte, der die treibende Kraft zur Gründung des Seebads am 15. Juli 1819 gewesen ist.

Sein außerplanmäßiger Besuch im Jahr darauf hatte einen sehr traurigen Anlass: eine verheerende Sturmflut. Der König machte sich ein persönliches Bild von den Schäden und gewährte großzügige finanzielle Hilfe in Form eines Steuererlasses von 4.000 Reichsbankthalern. »Der Stein bewahrt seinen Namen, die Herzen sein Andenken« lautet die (oft mit »das Herz« falsch) übersetzte dänische Inschrift auf dem Denkmal, das im Volksmund »das Monument« genannt wird.

Adresse an der L 214 (Boldixumstieg), 25938 Oevenum | Öffnungszeiten immer zugänglich | Tipp In der Nähe des Monuments gibt es einen Naturlehrpfad. Biegen Sie von Wyk aus kommend auf der Rundföhrstraße kurz vor dem Monument links (mit dem Fahrrad oder zu Fuß) ab. So erreichen Sie den Naturlehrpfad, der sich teilweise durch den Wald bis Nieblum erstreckt.

63 Das Morgenstern-Haus

Das gute Stübchen einer älteren Witwe

»Wenn ich meine Gedanken und mein Schaffen nicht hätte, wie würde ich dann wohl solch ein Krankenleben ertragen können?« Der Dichter und Schriftsteller Christian Morgenstern leidet seit 1883 unter Tuberkulose, dem »Leidenserbe der Mutter«, und erhofft sich im Juli 1905 vom Seeklima auf Föhr eine Besserung seines Gesundheitszustands. Er besucht das Nordsee-Sanatorium von Dr. Carl Gmelin (siehe Ort 26) am Südstrand, wo er »zunächst nur ein zweites Frühstück, Mittagbrot und Nachmittags-Kakao« einnimmt. »Die Zwischenzeiten (dieser Mahlzeiten) soll ich vorläufig auf einem Korbliegestuhl am Strande verbringen.«

»Durch einen glücklichen Zufall«, schreibt er am 3. Juli 1905 an die befreundete Schauspielerin Helene Fehdmer-Kayssler, habe es ihn nach Boldixum verschlagen, wo ihm »infolge gemeinsamer Unterstützung meines hiesigen Doktors und der friesischen Dichterin Stine Andresen (siehe Ort 91)«, die gleich in der Nähe nach dem frühen Tod ihres Ehemannes ihr ehemaliges Elternhaus bezogen hat, »das gute Stübchen einer älteren Witwe eingeräumt worden ist, ein Schmuckstück von Sauberkeit und Nettigkeit«. Ziemlich schnell fühlt er sich heimisch: »Links von mir hat ein alter Kapitän sein kleines Haus, der dreißig Jahre auf allen Meeren gefahren ist, und mit dem ich schon eine Schachpartie(!) verabreden durfte. Rechts ist eine einfache Wirtschaft mit einer Wirtsstube, die Ihr sehen müßtet. Niedrig, alles braunes Holz, dicke Deckenbalken, quadratische Fenster, quadratische Tische, das Ganze in Form eines Winkelmaßes.«

An die befreundete Luise Dernburg schreibt er: »Alles ist lieblich und gut, schlicht ohne ärmlich zu sein, beschränkt, ohne der Weite zu entbehren.« Er hat sich so sehr in die Insel verliebt, dass er 1907 ein Gedicht mit der Zeile »Zu Niblum (sic!) will ich begraben sein« schreibt. Dieser letzte Wunsch geht nicht in Erfüllung, er stirbt in Meran.

Adresse Reidschott 1, 25938 Wyk auf Föhr (Boldixum) | Öffnungszeiten nur von außen zu besichtigen | Tipp Unternehmen Sie vom Morgenstern-Haus aus einen Streifzug durch die schmalen Gassen und entdecken Sie die schmucken Häuser, die zu seiner Zeit bereits standen – zu erkennen an den großen schmiedeeisernen Zahlen an den Hausfronten, die dort zugleich als Maueranker dienen.

64 Das Museum Kunst der Westküste

Der Föhr-Maler im strömenden Regen

Das muss Liebe sein. Strömender Regen empfing den Maler Otto Heinrich Engel (1866–1949), Mitglied der Münchener Secession, als er im August 1901 zum ersten Mal auf Anraten seines Freundes Hans Peter Feddersen die Insel betrat. Er notiert: »Der Regen ging schon durch die Lodenmäntel, und die Sohlen meiner Stiefel lockerten sich, als wir Alkersum und Grethjens Gasthof (siehe Ort 30), der uns empfohlen worden war, betraten.« Eigentlich hatte er auf den Halligen Oland und Gröde malen wollen. Auch die Suche nach einem Modell gestaltete sich schwierig, die Gastwirtin Grethjen Hayen weigerte sich schlicht, ihre Tochter Mathilde malen zu lassen, weil sie schlechte Erfahrungen mit einem Maler gemacht hatte.

Nicht eben beste Voraussetzungen für eine große Liebe. Doch Föhr wurde seine Insel, er wurde ihr Maler. Über zehn Sommer in Folge besuchte Otto Heinrich Engel die Insel und malte, was ihm vor die Staffelei kam. Friesenstuben, ein Kinderfest, eine Trauerfeier, eine Nieblumer Allee. Auch Modelle fand er nun, Regina und Ella Olufs malte er in Tracht und resümierte: »Die Mädels standen recht gut, und die fürstliche Belohnung von je drei Mark fürs Stillestehen scheint ihnen Lust zu machen.«

Das Museum Kunst der Westküste beherbergt seit 2009 eine hochkarätige Kunstsammlung aus dem Zeitraum von 1830 bis 1930 rund um das Thema »Küste und Meer«. Der Fokus liegt auf Norwegen, Dänemark, Niederlande und Deutschland.

»Alles ist echt Föhr«, befand Otto Heinrich Engel nach zehn Jahren. An den Regen hatte er sich gewöhnt, und selbst die Möwen, die ihm auf sein Skizzenbuch und sogar aufs Essen »scheten«, sind ihm keine Aufregung wert. »Na, wenn das keinen Humor geben soll! Den zweiten Teller hat keiner der Luftschützen mehr getroffen … Ich habe bis halb zehn Uhr malen können.«

Adresse Hauptstraße 1, 25938 Alkersum | Öffnungszeiten 1. März – 31. Okt. Di–So 10 – 17 Uhr, Winter: Öffnungszeiten gesondert beachten, weitere Infos unter Tel. 04681/747400 und www.mkdw.de; hier finden Sie auch eine virtuelle Museumstour in 3-D | Tipp Gleich nebenan, in der Hauptstraße 7, befinden sich die Archivräume der Ferring Stiftung, wo auch die dem Amt Föhr-Amrum gehörenden Bestände gelagert und betreut werden. Dazu zählt auch das Inselarchiv Föhr.

65 Der Musikpavillon

Tradition mit frischem Wind

Der Gedanke, die Kurgäste mit musikalischen Darbietungen zu unterhalten, reicht weit zurück, wie Archivalien belegen: Bereits 1838 spielte vor dem Warmbadehaus (siehe Ort 58) und dem Gesellschaftshaus erstmals das böhmische Musikkorps unter Leitung des Generalissimus Josef Unterstab, der als Kurmusiker eine Konzession zur Aufwartung mit Musik erbittet und in den folgenden 50 Jahren fast jeden Sommer in Wyk auftritt.

Die Kurkapelle darf man um 1890 durchaus als Wanderorchester bezeichnen. Sie spielt von 9–10 Uhr morgens und 8–10 Uhr abends vor dem Kurhause und abwechselnd im Königsgarten, Hotel zum Kronprinzen, Deppe's Hotel und Erholung. Endlich plant die Badekommission den Bau eines Musikpavillons, lässt vom Altonaer Architekten Johannes Liedtke (1845–1895) drei verschiedene »Entwurf-Skizzen zu einem Sommer-Orchester« anfertigen und erhält am 2. Juli 1892 von der Wolgaster Actien-Gesellschaft für Holzbearbeitung einen Kostenvoranschlag samt Ausführungsbedingungen. Mit einem Hinterraum soll der Pavillon 1.751 Mark kosten, ohne diesen 1.636,80 Mark. Die Frachtkosten von 200 Mark sollen zulasten der Badekommission gehen, die Zahlung hat nach Aufstellung in bar zu erfolgen, wobei: »Die Kosten für die Aufstellung incl. Fundament dürfen 300 Mark nicht überschreiten.« Eine Fertigstellung wird binnen drei Wochen in Aussicht gestellt.

»Durch das von uns verwendete Holz, durch die zierliche und saubere Ausführung der Arbeit, können wir für eine hübsche geschmackvolle Gesamtwirkung des Pavillons Garantie leisten.« Das klingt überzeugend, die Entscheidung fällt am 8. Juli 1892 für die Variante mit Hinterzimmer. Und tatsächlich, drei Wochen später, am 1. August 1892, ist der Pavillon zur Lieferung bereit.

Bis heute ist das Programm vielfältig – ob Tanzmusik, Inselchöre, Kinderchor oder moderne Bandkonzerte berühmter Musiker: Tradition mit frischem Wind seit rund 130 Jahren.

Adresse auf Höhe Sandwall 38, 25938 Wyk auf Föhr | Öffnungszeiten Konzerte siehe Veranstaltungskalender: https://www.foehr.de/veranstaltungskalender | Tipp Die Klänge aus dem Musikpavillon wehen zu den großen Bodenschachfeldern hinüber, wo man mit Meerblick eine Partie Schach mit Riesenfiguren spielen kann.

66 Das Nationalpark-Haus

Faszination Weltnaturerbe Wattenmeer

Das Wattenmeer an der Nordseeküste – seit 2009 gehört es zum Weltnaturerbe der UNESCO und wird damit in einem Atemzug mit dem Great Barrier Reef genannt. Ein Gebiet von etwa 11.500 Quadratkilometern und einer Länge von 500 Kilometern, in dem rund 10.000 Tier- und Pflanzenarten leben, die geschützt werden müssen. Das muss man begreifen, im wahrsten Sinne des Wortes. Das gilt auch für Kinderhände an den interaktiven Stationen der 300 Quadratmeter großen Ausstellung, in der man durch die Jahreszeiten im Wattenmeer wandert.

Warum gibt es Ebbe und Flut? Was sind Salzwiesen? Wer sind die Small Five? Und woran erkennt man einen Austernfischer? Das alles und noch viel mehr erfährt der Besucher, daneben gibt es auch noch die Kinderstube der Nordseefische zu bestaunen. Hier tummeln sich Katzenhai und Knurrhahn, Rochen gleiten majestätisch dahin, und nach längerem Suchen hat man dann auch die gut getarnte Scholle entdeckt und befindet sich mit ihr plötzlich Auge in Auge – denn davon hat der Plattfisch tatsächlich beide an der Oberseite. Bei der Aquariumführung mit Fischfütterung ist ordentlich Leben in der Bude – da schaut selbst der Einsiedlerkrebs mal aus seinem Schneckenhaus.

Die Meeresbewohner leben in ihren Aquarien unter einem besonderen Dach – einem Amtsdach, denn im selben Gebäude befindet sich das Rathaus. Das Nationalpark-Haus war übrigens das erste unter seinesgleichen, das 1987 eröffnet wurde – und gleich zum Einstand setzte ein ausgelaufenes Aquarium den Sitzungssaal im darunterliegenden Stockwerk unter Wasser. Doch die Mitarbeiter der Amtsverwaltung trugen nicht nur diese Flut mit der gebotenen Fassung, sondern auch die bis heute über ihren Köpfen herumtrampelnden Besucherströme, denn es geht schließlich um das Weltnaturerbe – wobei, vielleicht ist ein eigenes Nationalpark-Haus am Wattenmeer eines Tages kein Traum mehr.

Adresse Hafenstraße 23, 25938 Wyk auf Föhr | Öffnungszeiten 1. April–31. Okt. So–Fr 10–17 Uhr; 1. Nov.–31. März Do, Sa 14–17 Uhr; Aquariumführung mit Fischfütterung 1. April–31. Okt. Mo, Mi 15 Uhr, Fr 11 Uhr; 1. Nov.–31. März Do, Sa 15 Uhr, weitere Infos unter Tel. 04681/4290 und http://nph-foehr.nationalparkservice.de. Bitte beachten Sie aktuelle Hinweise zur Veranstaltungsdurchführung. | Tipp Der Seehundsbrunnen vor dem Nationalparkhaus ist ein beliebter Wasserspielplatz für kleine (und große) Kinder und ein schönes Hintergrundmotiv für das Familien-Fotoalbum.

67 Der Nordsee-Kurpark

Ein Kleinod im Dornröschenschlaf

Der Wunsch von Dr. Carl Gmelin (siehe Ort 26) war eine Herausforderung, schließlich galt das Gebiet am Südstrand als landwirtschaftlich nicht nutzbar – er jedoch wollte für die Gäste seines 1898 erbauten Nordsee-Sanatoriums die karge, windumtoste Heidefläche in einen 20 Hektar großen Kurpark mit üppiger Vegetation verwandeln lassen.

Der von der Halbinsel Darß stammende Gärtner Wilhelm Bülow (1869–1944) nahm die Herausforderung im Jahr 1900 an. Er ließ Reetwände als Windschutz aufstellen, das gesamte Gelände durchpflügen und junge Gewächse in Wassergräben setzen. In den folgenden 30 Jahren seines Wirkens entstand allen Unkenrufen zum Trotz direkt an der Küste ein einzigartiger Park, der keinem Lehrbuch entspricht: ein Mix aus heimischen und subtropischen Gewächsen, die nicht zuletzt unter einem tropfenden Wasserhahn prächtig gediehen. Bülow pflanzte unter anderem Libanon-Zedern, Bambus, Seidenbäume, Feigen und japanische Sicheltannen – und wo er schon mal dabei war, legte er auch noch einen großen Obst- und Gemüsegarten zur Selbstversorgung des Sanatoriums an. Der wiederum führte zu seinem privaten Glück, denn seine Frau Mary aus Nieblum war Diätköchin im Nordsee-Sanatorium.

Der Kurpark ist heute einer der ältesten in Schleswig-Holstein und seit 1983 im Besitz der Stadt Wyk. Leider wurde er in den vergangenen Jahrzehnten wenig gepflegt, der Park verwandelt sich zusehends in einen Wald. Das soll sich ändern.

Im September 2019 wurde der Förderverein Nordsee-Kurpark ins Leben gerufen, um das wertvolle historische Erbe aus dem Dornröschenschlaf zu wecken. Ziel ist die Nutzung als öffentlicher Erholungs- und Kulturerlebnisraum. Die Weichen sind gestellt, auch für die Benennung des Parkzugangswegs als Wilhelm-Bülow-Weg und für die Sanierung der historischen Blockhäuser des Architekten Endell (siehe Ort 12). Zurück zu den Wurzeln – im wahrsten Sinne des Wortes.

Adresse Zugang zum Beispiel über den Promenadenweg oder über den August-Endell-Weg, 25938 Wyk auf Föhr | Öffnungszeiten jederzeit zugänglich | Tipp Im ehemaligen Wirtschafts- und Wäschereigebäude des Nordsee-Sanatoriums befindet sich heute übrigens das Pfannkuchenhaus »Prinzen-Café«, in dem es (nicht nur) Pfannkuchen in allen erdenklichen Variationen gibt.

68 Die Oevenumer Ortstafel

Wo die Idylle zu Hause ist

Ein Besuch im 450-Seelen-Dorf Oevenum entschleunigt, spätestens, wenn man sich in dem kleinen, parkartig angelegten Gemeindegarten auf einer Bank niederlässt. Eine herrliche Ruhe, nur das feine Plätschern des Wunschbrunnens ist zu hören, obwohl wir uns inmitten des hübschen Ortes befinden, der in der Hauptsache aus zwei parallelen Straßen besteht und neben der Beschaulichkeit die Traditionen hochhält.

Die Inschrift auf der eisernen Ortstafel gibt manchem ein Rätsel auf. Landwehrbezirk Apenrade? 4te Compagnie? Kreis Tondern? Tatsächlich gehörte Oevenum zur ehemaligen Harde Osterlandföhr, einem unteren Verwaltungsbezirk, der Teil des Herzogtums Schleswig war und zum Kreis Tondern gehörte, genauer zum Landwehrbezirk Apenrade, dem heutigen dänischen Aabenraa.

2013 feierte die Gemeinde ihr 550-jähriges Bestehen samt der Einweihung des neuen Gemeindegartens. Die künstlerische Planung oblag Hermann Hinsberger, der auch schon den Park an der Mühle (siehe Ort 71) gestaltet hatte, realisiert wurde das Projekt mit ehrenamtlicher Hilfe und Spenden der Dorfbewohner. Das Becken des Wunschbrunnens war früher übrigens in der Carolabrücke in Dresden eingebaut.

Wo heute der Gemeindegarten ist, befand sich bis 1963 ein Löschteich, der im Volksmund Sandkuhle hieß, obwohl er Wasser enthielt. Denn diese Kuhle entstand durch Entnahme von Bodenmaterial für den Hausbau und Arbeiten am Deich, und nachdem man bis auf Grundwasserniveau gegraben hatte, lief diese voll Wasser. So erfolgte die Umwidmung zum Löschteich, in dem leider zwei Menschen ertrunken sind. 1868 war es der dänische Knecht Adser Hansen, und 1920 ertrank der kleine Enkel des Gastwirts Frudden darin. Daraufhin wurden rund um den Teich Ulmen gepflanzt, und 1963 wurde er zur Sicherheit zugeschüttet. Damit war natürlich auch das winterliche Eisvergnügen der Dorfkinder zu Ende. Doch der Gemeindegarten lebt.

Adresse Dörpstrat/Ecke Karkenstieg, 25938 Oevenum | Öffnungszeiten immer zugänglich | Tipp Gehen Sie zur Friedenseiche in Oevenum am Ende der Buurnstrat, die 1871 gepflanzt wurde – aus Freude über den Sieg der Preußen gegen Frankreich im Deutsch-Französischen Krieg.

69 Die Oldsumer Mühle

Von der Mühle zum Veranstaltungsort

Die Oldsumer Mühle war eine Genossenschaftsmühle, deren Anteile sich vererbten. Seit 1855 sah die Mühle in rund 50 Jahren gut 15 Müller ein und aus gehen. Da sie keine Windrose besaß, die über eine Kette und ein Getriebe das Flügelkreuz in den Wind drehte, geschah dies in mühsamer Arbeit.

1900 brannte die Oldsumer Mühle ab, und die Zerstörung der Mühle bedeutete zugleich das Ende der Genossenschaft. Doch bereits im Jahr darauf ließ der Oldsumer Kapitän Boy Rickmers für seinen Sohn Hinrich Martin (1885–1964) eine neue Mühle bauen. Kostenpunkt: 15.000 Mark. Ganz schön viel Geld, aber dafür bestand die Mühle aus bestem Material und war die modernste auf Föhr, außerdem fiel die Galerie-Holländermühle durch ihren schlanken Bau auf.

Hinrich Martin und seine gleichaltrige Frau Kelke, eine geborene Arfsten aus Alkersum, heirateten 1908 und bezogen das Haus mit der Nummer 119 in Oldsum. Da die Utersumer Mühle sieben Jahre zuvor (1894) niedergebrannt war, fuhr Hinrich Martin den Müllerwagen bis in den Norden der Insel. Das Paar bekam drei Kinder, einen Sohn und zwei Töchter, die jedoch alle erst nach dem Ersten Weltkrieg geboren wurden. Nach dem Zweiten Weltkrieg ließ Hinrich Martin einen Motor in die Mühle einbauen, nach 1950 wollte er seine Mühle aus Altersgründen verkaufen oder verpachten, doch er fand keinen Nachfolger. So war er 1954 gezwungen, die Mühle stillzulegen. Als er zehn Jahre später starb, war die einst stolze Mühle ziemlich verfallen, Ende der 1960er glich sie einem Bild des Jammers. Erst 1972 wurde sie renoviert und seither als Wohnhaus genutzt.

Seit einigen Jahren steht das hübsche Wahrzeichen wieder zum Verkauf. Doch die Mühle soll für die Öffentlichkeit zugänglich gemacht und ganz im Sinne des Künstlerdorfs Oldsum als Kultur- und Begegnungsstätte erworben und genutzt werden. Darum wurde 2019 der Oldsumer Kultur- und Mühlenverein ins Leben gerufen.

Adresse Eemelkeswai 190, 25938 Oldsum | Öffnungszeiten jederzeit von außen zu besichtigen | Tipp Ein »Historischer Spaziergang durch Oldsum« wurde von Ingke Wolff für die Gemeinde Oldsum entworfen und erstreckt sich über 17 Stationen, die in der Broschüre informativ präsentiert werden. Die Broschüre ist für eine kleine Schutzgebühr im örtlichen Handel erhältlich, die den Gemeinden Oldsum und Süderende zum Erhalt friesischer Traditionen, zur Dorfverschönerung und für die Jugendarbeit zugutekommt.

70 Die Oterbaankins

Sagenhafte Gestalten am Wegesrand

In Utersum verfolgen uns die lustigen Gesellen auf Schritt und Tritt. Nein, genau genommen sitzen, liegen oder turnen diese steinernen Figuren auf Findlingen am Wegesrand herum, und der Schalk sitzt ihnen sichtlich im Nacken – aber sie verfolgen uns nicht. Oder doch? Ganz sicher ist man sich da nicht, vor allem nicht in früherer Zeit.

Viele Inselkinder kennen den mahnenden Satz: »Kem'am föör't jonken tüs, ölers kem a oterbaankin beeft jam uun« – aus dem Friesischen übersetzt: »Kommt vor der Dunkelheit nach Hause, sonst verfolgen euch die Unterirdischen.«

Die Oterbaankins wohnten in den Hügeln von Triibergem (siehe Ort 100) in Utersum, und man war nie vor ihnen sicher – im Guten wie im Schlechten nicht. Einem Utersumer Fährmann sollen sie einen Beutel voll Gold geschenkt haben, nachdem er einige von ihnen in einer stürmischen Nacht nach Amrum übergesetzt hatte, und so konnte er sich ein Haus bauen. Einem Utersumer Bauern hingegen stahlen sie Nacht für Nacht die Korbgarben vom Feld. Ausgerechnet dem dritten, nicht besonders schlauen Bauernsohn gelang es, die Zwerge zu überlisten und zu töten, sodass es seither keine Unterirdischen in Triibergem mehr geben soll. In Zeiten des blühenden Aberglaubens war die Furcht vor den Oterbaankins besonders groß. Man glaubte, sie würden Neugeborene stehlen oder Wechselbälge in die Wiege legen, wenn der Säugling nicht binnen drei Tagen getauft wurde.

Eine Sammlung der Geschichten über die Unterirdischen geht auf den Lehrer Hans Philippsen (1866–1926) zurück, der von 1893 bis 1906 an der Utersumer Schule unterrichtet hat. Dessen besonderes Interesse galt nicht nur der Vor- und Frühgeschichte, sondern auch den Föhrer Sagen, die er zusammentrug und 1911 erstmals veröffentlichte.

Wenn Sie sich einen Oterbaankin als Souvenir mit nach Hause nehmen, behaupten Sie also nachher nicht, Sie seien nicht gewarnt worden.

Adresse an vielen Straßenecken in Utersum, zum Beispiel entlang der Straße Triibergem, 25938 Utersum | Öffnungszeiten jederzeit zugänglich | Tipp Die lustigen Gesellen gibt es unter anderem bei der Tourist-Information im Haus des Gastes, Klaf 2, 25938 Utersum, in unterschiedlichen Größen und Varianten zu kaufen.

71 Der Park an der Mühle

Eine Ruhe-Oase mitten in der Stadt

Kaum zu glauben, dass dieses wunderschöne Parkgelände früher ein Tennisplatz war und anschließend als öffentlicher Fußballplatz genutzt wurde – bis die Diskussion um die weitere Nutzung begann. Der Gedanke an Häuserbau mitten in der Stadt war verführerisch, doch die Idee fand (zum Glück) nur wenige Unterstützer – der Plan von Hermann Hinsberger für eine außergewöhnliche Parkanlage dafür umso mehr. Er gründete den Verein »Föhrer Impulse«, doch um den Park zu realisieren, wurden 60.000 Euro benötigt. 40.000 Euro flossen durch Spenden zusammen, 80.000 kamen aus der Landeshauptstadt zur Förderung von besonders kreativen Projekten. Da jedoch nur noch 20.000 Euro fehlten, schickte man das restliche Geld nach Kiel zurück.

Es dauerte nur ein paar Monate, bis mit Hilfe der Aktion »Von Bürgern für Bürger« der gestalterisch einmalige Park am 15. September 2005 feierlich eingeweiht werden konnte. Verschlungene Wege führen an Obstbäumen und heimischen Pflanzen, verschiedenen Kunstwerken, Zierbrunnen und Bänken vorbei zu einer sortenreichen Kräuterspirale, die auf einem runden Beet aus Heilpflanzen aufgebaut wurde. Das Ende der Spirale streckt sich durch den Park bis zum Teich – wo das Wasser die Quelle des Lebens symbolisiert.

Im Teich spiegelt sich die Wyker Mühle, die Venti Amica (siehe Ort 103), außerdem sieht man auch mal einen Storch zwischen Seerosen stehen – und der ist echt. Im Park befindet sich nämlich auf einem Mast das Nest eines Storchenpärchens, die 2018 fünffache Eltern wurden, was selten vorkommt.

Mitten im Park steht der Pavillon, der früher als Tennisheim diente. Der ist mittlerweile ziemlich marode und kann nur noch als Lagerraum genutzt werden. 2016 erfolgte die Genehmigung des gestellten Bauantrags zum Neubau eines Veranstaltungsortes im Stil einer Orangerie, doch die Finanzierung verzögert sich aufgrund gestiegener Kosten. Leider.

Adresse Mühlenstraße/Ecke Feldstraße, 25938 Wyk auf Föhr | **Öffnungszeiten** tagsüber zu besichtigen | **Tipp** Wussten Sie, dass es Cola-Kraut gibt? Sie finden es in der Kräuterspirale im Park an der Mühle. Reiben Sie die dünnen, nadelartigen Blätter vorsichtig zwischen ihren Finger und riechen Sie daran – tatsächlich, Cola! Die Eberraute, wie das Cola-Kraut auch genannt wird, gilt als Heilpflanze, und ein Tee aus frischem Cola-Kraut schmeckt wie das berühmte Erfrischungsgetränk. Probieren Sie es aus, aber selbstverständlich nur mit einer eigenen Pflanze, die Sie selbst im Garten-Fachhandel gekauft haben.

72 Der Planetenweg

Ein Spaziergang durchs Sonnensystem

Strand und Meer – da liegt der Gedanke an die Astronomie erst mal fern. Doch ein Blick in den Föhrer Nachthimmel macht deutlich: Über der Insel funkelt das Himmelszelt ohne die Lichtverschmutzung, wie man sie aus der Großstadt kennt, besonders hell und klar. Außerdem haben Seefahrer vor der Erfindung von Chronometer und Satellitennavigation jahrhundertelang ihre Position nach dem Stand der Sonne oder einem Fixstern bestimmt. Was fern scheint, kann also doch naheliegend und damit begreifbar sein.

Der Planetenweg erstreckt sich über elf Kilometer an der reizvollen Südwestküste der Insel entlang bis in den Norden nach Utersum. Man geht im Maßstab eins zu 400 Millionen am Strand entlang – zwei Schritte auf dem Planetenweg entsprechen demnach einer halben Million Kilometer im Weltall. Ganz schön praktisch – um Lichtgeschwindigkeit zu erreichen, muss man sich nur im Schritttempo fortbewegen. Somit hätte man mit nur einem großen Schritt von der Erde aus den Mond erreicht. An jeder Station befindet sich eine ausführliche Infotafel zum entsprechenden Planeten und praktischerweise auch meist eine irdische Lokalität zur Stärkung auf der Weltraum-Reise.

Wir starten am Leuchtturm Olhörn bei der Sonne und gehen in Richtung Südstrand. Entsprechend den Abstandsverhältnissen in unserem Sonnensystem erreichen wir entlang der Promenade recht schnell und in kurzer Folge Merkur, Venus, Erde und Mars. Bis zum Jupiter ist es jetzt ein längerer Weg – die Promenade ist zu Ende und geht in den begehbaren Steindeich über –, und nach zwei Kilometern findet man den Planeten an einen Laternenpfahl geheftet. Saturn wiederum sitzt auf einer Düne im Bredland, Uranus findet man erst hinter Goting bei der Parkplatzzufahrt zum FKK-Strand, und Neptun liegt am Ende ganz nach Planetenart gut versteckt am kleinen Kurmittelhaus in Utersum – schließlich wurde der Planet auch erst 1846 entdeckt.

Adresse Start beim Leuchtturm Olhörn, Promenadenweg, 25938 Wyk auf Föhr | **Öffnungszeiten** immer begehbar | **Tipp** Der Planetenweg ist auch Teil einer modernen Form der Schnitzeljagd. Beim Geocaching begeben Sie sich mit Hilfe eines GPS-Geräts und geografischer Koordinaten auf die Suche nach einem kleinen Versteck (Caches). Gefunden? Dann tragen Sie sich in das Logbuch ein und legen Sie es für den nächsten Geocacher zurück. Melden Sie sich bei www.geocaching.com oder www.opencaching.de an – eine abenteuerliche Insel-Entdeckungstour ist garantiert.

73_Der Pumpbrunnen

Zentrale Wasserversorgung im grünen Holzkleid

Wir treffen uns »bi de Pump« – Kenner wissen sofort, wohin sie gehen müssen: Zur grünen Pumpe in der heutigen Carl-Häberlin-Straße (siehe Ort 6). Das ist die letzte öffentliche Original-Wasserpumpe, die an die Zeit erinnert, als Föhr noch keine zentrale Wasserversorgung hatte. Lange her, werden Sie denken. Ein Irrtum. Noch bis 1969/70 verfügten viele Bewohner über einen eigenen Hausbrunnen. Angesichts der florierenden Gästezahlen kaum vorstellbar. Bereits 1925 gab es Pläne für den Bau eines 20 Meter hohen Wasserturms mit 100 Kubikmeter Speichervolumen, die jedoch nie umgesetzt wurden.

An der Ecke Süderstraße/Mühlenstraße stand ebenfalls ein öffentlicher Pumpbrunnen, der seinen Ursprung in einer Brunnenanlage von 1765 hatte und die Anwohner 180 Jahre lang mit frischem Wasser versorgte, bis die Anlage aus dem Straßenbild weichen musste. Eigentümer der öffentlichen Pumpen war der Pumpenverein, der von den Benutzern ein Pumpengeld erhob. Der Vorsitzende der Pumpengemeinschaft lud alljährlich seine acht Mitglieder, die »Aktionäre«, zu einem »Festschmaus« in seine Wohnung ein, wo er unter anderem über die Wasserqualität Auskunft gab.

»Nun ist die alte Wasserspenderin mit ihrem hellgrünen Holzkleid, ihrer weißen Mütze, ihrem langen schwarzen Pumpenschwengel und ihrem breiten gemütlichen Mund den Weg alles Irdischen gegangen«, berichtet der Insel-Bote 1953 melancholisch und fast poetisch von der Abschaffung der grünen Pumpe. Zum Trost erinnert die Zeitung an die »Schwester in der Carl-Häberlin-Straße«, die günstiger steht und sich deshalb »hoffentlich noch lange Zeit als ein schönes Wahrzeichen einer schmalen, sauberen und anmutigen Straße unseres Kurortes erhalten lässt, zur Freude aller Wyker Bürger und der vielen Freunde unserer kleinen Stadt«. Ein Wunsch, der in Erfüllung ging, denn das Straßenbild ist erhalten – und wird es hoffentlich noch lange bleiben.

Adresse Carl-Häberlin-Straße, vor Haus Nummer 4, 25938 Wyk auf Föhr | Öffnungszeiten immer zugänglich | Tipp Vor dem »Lütte Hus« in der Mittelstraße 21 in Wyk steht eine weitere Pumpe, die jedoch nur eine hübsche Attrappe ist und nie in Funktion war.

74 Die Reederei

Eine kurze Schiffsreise mit langer Geschichte

Nachdem 1819 das Seebad gegründet worden war, gab es verschiedene Möglichkeiten, nach Föhr zu gelangen: vom privaten Segelschiff über einen Raddampfer bis hin zu einem umgebauten Kanonenboot, das unter dem Namen Föhr et Dagebüll seit 1872 im Auftrag der Wyker Fährgenossenschaft zwischen Dagebüll und Wyk verkehrte.

Der Bedarf wuchs, und so schlossen sich am 14. März 1885 unter Kapitän Steffen Heinrich Boetius (1837–1925) 33 Wyker Bürger zusammen und gründeten die »Wyker Rhederei Gesellschaft«, die bald über ein Kapital von 50.000 Mark verfügte. Noch im selben Jahr ging es rund. Die Reederei ließ den Doppelschraubendampfer Nordfriesland für 36.000 Mark erbauen, übernahm Schiffe für 13.500 Mark und erweiterte den Postschiffverkehr.

Bis 1889 tobte ein harter Konkurrenzkampf mit der Wyker Fährgesellschaft, der sogenannten Bauern-Reederei, der den Fahrpreis Föhr–Dagebüll auf 50 Pfennig sinken ließ. Die neue Reederei ging daraus als Sieger und künftiger Monopolist hervor. Am 12. Mai 1894 wurde die Reederei in eine GmbH umgewandelt, trägt seither den Namen Wyker Dampfschiffs-Reederei Föhr-Amrum GmbH, kurz W.D.R. Erster Direktor wird ihr Gründer Boetius.

Die Nordfriesland III war 1927 das erste Schiff im Dienst der W.D.R., das neben 740 Passagieren auch Autos transportieren konnte – eines pro Richtung. Ab 1962 sind es dann schon 36 Autos mit der »Pidder Lyng« als erste »richtige« Autofähre. Nachdem 1971 die Fahrrinne vor Dagebüll ausgebaggert worden war, trat ein (nahezu) tideunabhängiger Fahrplan in Kraft. Seit 2010 pendeln Doppelendfähren mit einer Kapazität von bis zu 1.200 Passagieren und 75 Pkws zwischen Dagebüll und Wyk auf der sogenannten Zorn-Passage. Diese trägt ihren Namen übrigens nicht aufgrund widriger Überfahrtbedingungen, sondern zu Ehren des ehemaligen Geschäftsführers Conrad Zorn, der 30 Jahre lang die Geschicke der W.D.R. lenkte.

Adresse Am Fähranleger 1, 25938 Wyk auf Föhr | **Öffnungszeiten** Mo–Fr 7–17.45 Uhr, Sa, So, Feiertage 8–17.45 Uhr, außerhalb der Saison abweichende Öffnungszeiten möglich; weitere Infos unter Tel. 04681/800 und www.faehre.de | **Tipp** Spätestens vor der Rückreise im ehemaligen Hafenamt, Hafenstraße 44, im Shop »Föhr to Huus« stöbern und ein Souvenir oder ausgewähltes Produkt von insularen Herstellern mitnehmen. Wenn Sie gleich nach der Anreise hingehen, haben die Mitarbeiterinnen und Mitarbeiter auch noch Informationsmaterial und wertvolle Inseltipps für Ihren Aufenthalt, außerdem gibt es dort Veranstaltungstickets.

75 Das Robbenzentrum

Kleine Heuler ganz groß(artig)

Ursprünglich hatte die Tierärztin Janine Bahr-van Gemmert die Idee, in einer Holzhütte eine Ausstellung über die schützenswerten Meeressäuger zu eröffnen. Daraus wurde dank ehrenamtlicher Helfer, großzügiger finanzieller Unterstützung und mit dem Wildtier-Fachwissen ihres Partners André van Gemmert im Mai 2010 die Eröffnung des Robbenzentrums als gemeinnütziger Verein gleich hinter dem Deich am Wyker Hafen.

Ein wichtiger Pfeiler des Zentrums ist die Informations- und Aufklärungsarbeit. In der Ausstellung, bei Filmvorführungen und an den Kindertagen geht es um die verständliche Vermittlung der Lebensgewohnheiten von Robben, zu denen die Seehunde gehören, ihre Ernährung und Fortpflanzung. Besonders wichtig ist das Wissen um die »Heulerzeit«, denn ein Seehundjunges gibt diese heiser und erbärmlich klingenden Laute von sich, wenn es von seiner Mutter getrennt wurde. Daran ist nicht selten der Mensch schuld, wenn die am Strand rastende Mutter, von Hund oder Zweibeiner aufgescheucht, ihr Junges zurücklässt. Allein ist es nicht überlebensfähig.

So gern man einem Seehund bei einer unverhofften Begegnung am Strand mit der Kamera ganz nah kommen will, man muss grundsätzlich einen Abstand von mindestens 200 Metern zu den Wildtieren (!) einhalten, die trotz ihres niedlichen Aussehens übrigens kräftig zubeißen können. Die Heuler oder die von Lungenwürmern geschwächten Seehunde benötigen fachliche Hilfe. Das Robbenzentrum engagiert sich von der veterinärmedizinischen Erstversorgung über die Rehabilitation der Tiere bis hin zur Wiederauswilderung.

Im August 2019 wurden die Initiatoren des Robbenzentrums für ihr Engagement in der Tierrettung, bei der Aufklärungsarbeit und in der Verhaltensforschung von der Initiative Heel Veterinär Deutschland als eine von drei Tierschutzorganisationen mit einem dotierten Preis ausgezeichnet. Kleine Robben – ganz groß(artig)!

Adresse Achtern Diek 5, 25938 Wyk auf Föhr | Öffnungszeiten Tägl. 15 – 17 Uhr, weitere Infos unter Tel. 0177/3300077 und www.robbenzentrum-föhr.de | Tipp Das Robbenzentrum führt jeden Dienstag um 15 Uhr einen Kindertag durch. Den Kleinen (und Großen) wird anhand von Filmmaterial und Informationen zur Ausstellung anschaulich erklärt, wie das Leben einer Robbe so aussieht. Keine Anmeldung erforderlich, um eine Spende wird gebeten. Bitte beachten Sie aktuelle Hinweise zur Veranstaltungsdurchführung.

76 Der Rosenthal-Gedenkstein

Dalli, dalli zum Ehrenbürger

Wenn man jemandem aus der Generation 40 plus den Namen Hans Rosenthal (1923 – 1987) zuwirft, kommt wie aus der Pistole geschossen zurück: »Dalli Dalli« und »Sie sind der Meinung, das war … spitze!«. Im Gedächtnis der Nation ist Hans Rosenthal fest verankert als Quizmaster mit seiner Show, die von 1971 bis 1986 im ZDF in 153 Sendungen ausgestrahlt wurde. Seinen legendären Luftsprung, der als damalige technische Meisterleistung ab der 100. Folge für die Zuschauer kurz im Bild »eingefroren« wurde, haben wir noch immer vor Augen.

Doch kaum einer weiß, dass Hans Rosenthal privat Föhr als Urlaubsdomizil spitze fand und er auf der Insel ein Haus bauen ließ, um sich hier von den Dreharbeiten zu erholen. Im beschaulichen Utersum, im Norden von Föhr – wo es die schönsten Sonnenuntergänge gibt und sich Fuchs und Hase Gute Nacht sagen. Doch trotz seines Wunsches nach Ruhe war er stets dabei, wenn auf dem Fußballplatz des Dorfes Promis gegen Insulaner für den wohltätigen Zweck um den Ball kämpften. Der Reinerlös der Spiele der »Hans-Rosenthal-Elf« fließt noch heute in die Hans-Rosenthal-Stiftung.

Der aus einer jüdischen Familie stammende Rosenthal war während des Naziregimes nach dem Tod seiner Eltern zunächst in ein Kinderheim gekommen, sein einziger Bruder wurde nach Riga deportiert und ermordet. Bis Kriegsende versteckte er sich zwei Jahre lang in einer Kleingartenanlage in Berlin, wo er von drei nicht jüdischen Frauen versorgt wurde.

Mit seinem Film »Mit Hans Rosenthal auf der Insel Föhr« von 1978 trug er zu einer landesweiten Bekanntheit der Insel als Urlaubsziel bei, und er wurde Utersumer Ehrenbürger. Der Gedenkstein liegt ein wenig versteckt auf dem Weg zum Hauptstrand, es scheint fast so, als solle er hier im Schatten der Bäume seine Ruhe haben, und zugleich sorgen die Utersumer dafür, dass sein Name nicht vergessen wird.

Adresse Klaf 2, links vom Haus des Gastes am Fußweg, 25938 Utersum | Öffnungszeiten immer zugänglich | Tipp Gleich gegenüber dem Denkmal gibt es eine große Fußballwiese vor dem Haus des Gastes mit Fußballtoren für alle, denen das Spielen am Strand zu anstrengend ist. Hans Rosenthal hätte seine Freude daran gehabt. Der Werbefilm von 1978 ist übrigens bei YouTube zu finden.

77 Der Rund-Föhr-Weg

Einmal um die Insel – an einem Tag

In 80 Tagen reiste Phileas Fogg mit seinem Diener Passepartout in Jules Vernes' berühmtem Abenteuerroman um die Erde – rund um Föhr braucht man nur einen Tag und hat dafür die ganze Inselwelt gesehen. Auf dem 37 Kilometer langen Weg geht man überwiegend am Deich entlang und macht dabei zum Glück nicht wie die Romanhelden Bekanntschaft mit einer Bisonherde, dafür aber mit jeder Menge Schafen.

Selbstverständlich liegen nicht nur Schafe auf dem Weg, sondern viele Föhrer Sehenswürdigkeiten. Die Boldixumer Vogelkoje, der Dorfkern von Oldsum, die St.-Laurentii-Kirche in Süderende mit den »sprechenden Grabsteinen«, die Hügelgräber in Utersum und Hedehusum, das Naturschutzgebiet der Godelniederung, und schließlich gelangt man über das Goting-Kliff und das wunderschöne Dorf Nieblum an den Wyker Südstrand und über die Promenade zurück an den Hafen.

»Rund-Föhr« heißt der seit 1891 bestehende Brauch am Himmelfahrtstag. Traditionell wanderten die Wyker entgegen dem Uhrzeigersinn, die Nieblumer und Westerlandföhrer mit dem Uhrzeigersinn. Klar, dass man eine Begegnung unterwegs mit einem kräftigen Schluck begießen musste, zur Stärkung gab's Würstchen und Kartoffelsalat im Utersumer Wäldchen, und nach einem Bad im Meer ging jede Gruppe weiter ihres Wegs.

Gutes Wetter ist bei der Tour natürlich von Vorteil – wobei, auf der Insel kommt der Wind immer von vorn – Murphys Gesetz. Eine gute Verpflegung sollte man jedenfalls im Gepäck haben, damit die gute Laune nicht auf der Strecke bleibt. Das haben sich die Betreuer des »Kinder Seehospiz« (später Hamburger Kinderheim) um 1900 offenbar besonders zu Herzen genommen: Pro Kind wurden eine Flasche Saft und angeblich 25 (!) Butterschnitten für die Rundwanderung eingeplant. Nun gut, die Kinder sollten aufgepäppelt werden, aber da wird am Ende wohl mit dem Kind auch der Magen gestreikt haben.

Adresse Einstieg in die Tour überall möglich, zum Beispiel am Föhr-Stein auf dem Promenadenweg auf Höhe des Atlantis Hotels am Meer, Sandwall 29, 25938 Wyk auf Föhr | **Öffnungszeiten** immer möglich | **Tipp** Folgen Sie dem »Eilun-Radweg« der Föhr Touristik GmbH. Bei dieser Eilun-Tour (friesisch für Inseltour) entdecken Sie auf 42 Kilometern die schönsten Sehenswürdigkeiten der Insel. Unter www.foehr.de/eilun-tour finden Sie die Tour als GPX-Track. Selbstverständlich eignet sich die Tour auch als Wanderung, wenn Sie gut zu Fuß sind.

78 Der Sandwall

Promenieren am Puls der Zeit

»Der Sandwall [in Wyk], wo die meisten Kurgäste logieren, zieht sich mit einer doppelten und dreifachen Allee längs dem Meeresstrande hin. Unmittelbar an demselben liegen reichlich vierzig Häuser, eingerichtet für Kurgäste.« So beschreibt Ocke Nerong in seinem Reiseführer von 1886 die Szenerie recht nüchtern. Doch dann gerät er ins Schwärmen: »Der Sandwall mit dem Strand ist so recht der Ort, wo die Kurgäste sich der frischen stärkenden Seeluft erfreuen können. Hier promeniert man unter dem Schatten der Bäume, geschützt vor den West- und Nordwinden, und erfreut sich an den lieblichen Klängen der Badekapelle. Hier wühlen und schaufeln die Kinder [...]. Hier sitzen die Damen nähend, strickend und lesend in den Zelten, die oft in einer Zahl von 80 bis 100 den Strand bedecken.«

Zu dieser Zeit verbringen rund 2.000 Badegäste pro Saison ihre Sommerfrische auf Föhr. Das »Conversationslokal« des Hotels Kurhaus Schulz ist rege besucht, ebenso das Restaurant »Erholung« der Witwe Hansen, die den geehrten Kurgästen ihren kräftigen Mittagstisch für 2,00 Mark bestens empfiehlt.

Gleich gegenüber der Landungsbrücke bietet Waldemar Lind in seinem Photographischen Atelier seine Künste an. »Feine, elegante Ausführung garantirt. Coulante Preise. Nationaltrachten stehen im Atelier zur Verfügung.« So kann sich auch die Dame von Welt einmal als Föhringerin verkleiden. Weitere Reiseandenken ersteht man bei Frau Lundt, die als Inhaberin von Jensen & Co. ein buntes Sammelsurium anbietet, das von Tondern'scher Spitze über Seehundsfelle und Bernsteinarbeiten bis hin zu Chinawaren reicht.

Vor dem Sandwall wird 1909 eine Strandmauer gebaut, drei Jahre später wird am Badestrand eine Plattform zum Schutz und zur Verstärkung angelegt, da die Flut vom 6. November 1911 einige Schäden angerichtet hat. So können wir bis heute auf dem Sandwall spazieren und uns die alten Zeiten vorstellen.

Adresse Sandwall, 25938 Wyk auf Föhr | Öffnungszeiten immer zugänglich | Tipp Entlang des Sandwalls befinden sich zahlreiche kleine Geschäfte, die zum Bummeln einladen, sowie verschiedene Cafés mit Meerblick. Zusätzlich laden Bänke unter schattenspendenden Bäumen zum Ausruhen ein, von denen aus Sie das Treiben am Strand und auf dem Sandwall beobachten können.

79 Die Schifferbank

Jede Menge Seemannsgarn

Bänke stehen noch heute an der Mittelbrücke (siehe Ort 59), aber es gibt nicht mehr »die« Schifferbank, die über Jahrzehnte fest in der Hand alter Seeleute wie Peter »Schnuffke« Lund oder dem betagten Paul Levsen aus Boldixum war, die das Kommen und Gehen zu Wasser beobachteten und fachmännisch kommentierten.

Doch wehe, wenn sich ein paar aufdringliche Gäste mit neugierigen Fragen näherten, dann wurde allerlei Seemannsgarn gesponnen oder ein Plan ausgeheckt, wie man die arglosen Sommerfrischler hinters Licht führen könnte. So erhob sich Matthies Meier von der Bank, einstiger Kapitän des Lustkutters »Taube«, nun lediglich Besitzer eines Ruderbootes – das er die ausflugswilligen Gäste zur eigenen Bequemlichkeit gern selbst rudern ließ –, um ihnen eine Sensation zu zeigen: ein Seehundsnest. Keine billige Tour, so warnte er, doch den in der Fortpflanzungsbiologie unbewanderten Badegästen war der Anblick alles Geld wert. Als sie die Nieblumer Bucht erreichten, rief er, dass die Seehunde leider schon geschlüpft seien, aber man könne noch die Eierschalen sehen. Und dabei zeigte er auf die am Flutsaum im Seegras drapierten Kokosnussschalen.

Ebenso staunte man über die technischen Fortschritte der Föhrer zu einer Zeit, als man gerade mal auf der Titanic die Funktelegrafie eingeführt hatte. Wie auch sonst hätte der alte Segelschiffer David Hinrichsen ein Motorboot zu Hilfe rufen können, als der Wind auf dem Ausflug vor Amrum eingeschlafen war? Auf die Idee, dass der vermeintliche Funktelegraf ein rappelnder Wecker und das Hilfsboot zuvor verabredet gewesen war, kamen die armen Gäste natürlich nicht.

Und so können wir heute auf der Bank sitzen und uns auch die legendäre schwimmende Kneipe nach einer Idee von Käpt'n Meinohm vorstellen (mit Shuttleservice zur Mittelbrücke), damit die Schiffer in Ruhe (vor ihren eigenen Frauen) das Glas heben konnten.

Adresse Sandwall/Ecke Mittelbrücke, 25938 Wyk auf Föhr | **Öffnungszeiten** immer zugänglich | **Tipp** Die Bänke an der Mittelbrücke sind im Sommer ein guter Beobachtungsposten für die Spiele auf dem Beachvolleyball-Feld.

80_Das Schöpfwerk

Entscheidende Entwässerung

Gegen Sturmfluten schützen Deiche – das war den Insulanern schon früh klar, und so errichteten sie bereits im 15. Jahrhundert entsprechende Bauten, die in Höhe und Profil zwar längst nicht dem heutigen Standard entsprachen, aber zumindest im Sommerhalbjahr die landwirtschaftlichen Flächen vor Sturmfluten bewahrten und damit die Ernte sicherten.

Doch was tun gegen die Überflutungen im Landesinneren durch überschüssiges Niederschlagswasser, das nicht im Boden versickern oder über Sielzüge abgeleitet werden konnte? 300 Jahre lang herrschte Streit über diese Frage – zuletzt war man so verfeindet, »daß man außer dem König von Dänemark auch noch unseren Herrgott in dieser Sache anrief, er möge über die Generationen die Vereinigung verhindern«, betont der Insel-Bote 1952. Verhindern, wohlgemerkt.

Erst 1950 schlossen sich die Deichverbände Osterland-Föhr und Westerland-Föhr zusammen, und prompt erfolgte am 10. Juli 1951 der Spatenstich für das Schöpfwerk Groß-Dunsum. Im Oktober wurde Richtfest gefeiert, die Einweihung fand elf Monate nach Baubeginn im Juni 1952 statt.

Über Entwässerungsgräben fließt das überschüssige Wasser heutzutage über ein 163 Kilometer langes Netz aus Sielzügen zu den beiden Schöpfwerken Dunsum und Föhr-Mitte und dem Deichsiel Laglum, wo allein 13,9 Millionen Kubikmeter Wasser pro Jahr ohne Pumpen bei Ebbe in die Nordsee abgeleitet werden. Über Pumpen und Rohrleitungen befördern die beiden Schöpfwerke rund acht Millionen Kubikmeter Wasser pro Jahr durch den Deich in die Nordsee. Umgekehrt verhindern Stauanlagen das Austrocknen der Marsch in regenarmen Zeiten. Ohne Entwässerung stünde die Föhrer Marsch innerhalb eines Winterhalbjahrs komplett unter Wasser. Oder anders ausgedrückt: Man bräuchte zwei Lastkraftwagen à 20 Kubikmeter Fassungsvermögen, die minütlich die Insel verlassen – Tag und Nacht –, um die Wassermenge von der Insel zu schaffen.

Adresse zwischen Koogsweg und Oerthweg am Deich, 25938 Großdunsum | Öffnungszeiten jederzeit von außen zu besichtigen | Tipp Fahren Sie mit dem Fahrrad zum Andelhof. Der Aussiedlerhof liegt am Ende des Westerwegs direkt am Deich, wo Ruhe und Einsamkeit zu finden sind, auch eine Übernachtung ist dort in komfortablen Ferienwohnungen möglich. Beim Andelhof befindet sich die Gründungsfläche des Vereins Elmeere, des Förderkreises landschaftstypischer Naturräume e. V., dessen Ziel die Renaturierung von Flächen ist, die durch extensive Landwirtschaft zerstört wurden.

81 Die Schutzstation Wattenmeer

Freiwillige Anwälte für einen Lebensraum

Die Naturschutzgesellschaft Schutzstation Wattenmeer e. V. wurde als privater gemeinnütziger Verein bereits 1962 gegründet, um mit Hilfe eines Netzwerks von Stationen rund um das Wattenmeer diesen einmaligen Lebensraum zu schützen und bei Besuchern Verständnis für dieses fragile Ökosystem zu wecken, um dieses zu erhalten.

Eine der Stationen befindet sich auf Föhr und wird ganzjährig von zwei Mitarbeitern des Bundesfreiwilligendienstes, zwei Mitarbeitern des Freiwilligen Ökologischen Jahres und mehreren Praktikanten betreut. Man trifft die Freiwilligen zwischen April und Juni im Norden der Insel bei der Brutvogelkartierung, denn diese ist besonders wichtig am Wyker Strand und im Sörenswai-Vorland (siehe Ort 82), dort erfolgt auch die Kennzeichnung der Seevogelbrutplätze. Außerdem sieht man sie von März bis August bei der Kartierung der Wattbodentiere und das ganze Jahr über bei Rastvogelzählungen im Oldsumer Vorland und in der Godelniederung (siehe Ort 27).

Da der Norden der Insel einen besonderen Schwerpunkt bei der Arbeit darstellt, steht dort ein Bauwagen als Außenstelle für den Vogelwart und Gebietsbetreuer. Ansprechen ist übrigens immer erlaubt – die Mitarbeiter geben gern Auskunft über ihre Arbeit und beantworten Fragen. Bei verschiedenen Veranstaltungen der Schutzstation können Sie »Watt erleben« – im wahrsten Sinne des Wortes. Ob Fackelwanderung, Entdeckertour am Föhrer Strand, Bernsteinschleifen, ein Vortrag über Robben und Wale der Nordsee, die Föhrer Vogelwelt oder eine Wattwanderung (siehe Ort 108) mit einem kundigen Führer – schauen Sie im aktuellen Veranstaltungskalender nach, da ist bestimmt etwas für Sie dabei. Auch für Kinder ist natürlich einiges geboten, zum Beispiel bei der kleinen Piratenwattwanderung oder beim Mikroskopieren, wenn die kleinen Forscher die Wattbewohner selbst unter die Lupe nehmen dürfen.

Adresse Bauwagen am Ende der Straße Aussiedlungshof am Deich, 25938 Oldsum; Hauptgebäude Badestraße 111, 25938 Wyk auf Föhr | Öffnungszeiten siehe Veranstaltungskalender; weitere Infos unter Tel. 04681/1313 und www.schutzstation-wattenmeer.de/unsere-stationen/foehr | Tipp Die Dienstwohnungen der Mitarbeiterinnen und Mitarbeiter der Schutzstation Wattenmeer befinden sich in den Blockhäusern Villa Konrad und Villa Ludwig im Nordsee-Kurpark. Die historisch bedeutsamen Blockhäuser wurden von August Endell erbaut und sind nach dem Abriss des Nordsee-Sanatoriums erhalten geblieben. Sie sollen im Sinne des Denkmalschutzes baldmöglichst saniert werden.

82 Das Sörenswai-Vorland

Vogelnester im Sand

Im Norden der Insel befindet sich das Sörenswai-Vorland, das sich im Schutz eines Strandwalls gebildet hat. Es ist wie das Midlumer Vorland naturbelassen, und diese Ursprünglichkeit gilt es zu erhalten.

Doch genau da beginnt das Problem. Denn der östliche Teil des Sörenswai-Vorlandes ist ein wichtiges Brutgebiet für Vögel und zugleich als Oldsumer Naturbadestrand ausgewiesen, der (zum Glück) wenig besucht ist. Außerdem muss man zum Baden besser vorher den Gezeitenkalender zurate ziehen, bei Ebbe kann man sonst nur Trockenschwimmübungen machen.

Ein Brutgebiet ohne Bäume und Hecken? Schon jedes Kind lernt doch in der Schule, dass Vögel ihre Nester zum Schutz vor Fressfeinden möglichst weit weg vom Boden und versteckt errichten. Nicht so die Strandbrüter (siehe Ort 94), zu denen zum Beispiel der Austernfischer, der Sandregenpfeifer und die vom Aussterben bedrohte Zwergseeschwalbe gehören. Sie ist deshalb vom Aussterben bedroht, weil ihr geeignete und ungestörte Brutplätze fehlen.

Im Sand sind die Nester perfekt getarnt – manchmal zu gut, wenn sie in einem nicht (!) ausgewiesenen Brutbereich von Menschenfüßen zertreten werden.

Seit 2016 werden die Föhrer Strände zwar intensiv auf Nester hin kontrolliert und neue Neststandorte mit mobilen Absperrungen gekennzeichnet, aber man findet nicht alle. Die Brutgebiete im Sörenswai-Vorland sind mit Pflöcken gekennzeichnet. Bitte bewegen Sie sich nur auf dem ausgewiesenen Pfad und halten Sie Abstand zu den brütenden Vögeln. Machen Sie sich bewusst, dass jede Störung eines Brutvogels den Bruterfolg schmälert. Seeseitig zum Brutgebiet dürfen Sie baden oder spazieren gehen, noch besser ist eine Rast auf dem Deich mit respektvollem Abstand und hervorragendem Ausblick auf das wunderschöne Vorland. Grundsätzlich gilt: Vernünftige gehen nicht in ein ausgewiesenes Brutgebiet – den anderen ist es verboten.

Adresse Deichübergang am Ende des Olersem Miadwai, 25938 Oldsum | Öffnungszeiten immer zugänglich | Tipp Gehen Sie mit Elmeere e. V. auf Fahrradtour durch die Marsch. Auf der rund zehn Kilometer langen Tour lernen Sie diesen besonderen Lebensraum für die Tier- und Pflanzenwelt kennen, beim Andelhof findet zusätzlich eine Vogelbeobachtung statt. Weitere Informationen unter www.elmeere.de/fuehrungen.

83 Die Sonnenuhr

Zeit ist relativ auf dem idyllischen Dorfplatz

Betritt man den idyllischen Alkersumer Dorfplatz im Sommerhalbjahr, hat man den Eindruck, auf der Farbpalette eines Malers gelandet zu sein. Tatsächlich liegt die Kunst auch nicht fern, sondern gleich nebenan, im Museum Kunst der Westküste und in handwerklicher Steinmetzkunst auf dem Dorfplatz selbst.

Der Dorfplatz wurde im Frühjahr 2015 unter der erfahrenen Leitung von Hermann Hinsberger, der unter anderem auch den Park an der Mühle (siehe Ort 71) geplant und gestaltet hat, und mit der ehrenamtlichen Hilfe Alkersumer Bürger in ein wahres Schmuckstück verwandelt.

Zentrales Element ist ein alter Springbrunnen, umsäumt von bunten Blumenbeeten und einer Sonnenuhr, die der Föhrer Steinmetz Markus Thiessen entworfen hat. Eine Heugabel lehnt an einem aufgestellten steinernen Heuballen und wirft ihren Schatten auf die Ziffern, zwei weitere Heuballen aus Stein liegen daneben. Die Sonnenuhr zeigt gemäß dem Stand der Sonne am Himmel die wahre Ortszeit an, und da die Sonne nicht gleichmäßig »läuft«, sondern mal langsamer und mal schneller ihre Bahnen zieht, kann die Uhr bis zu einer Viertelstunde vor- oder nachgehen.

Gleich nebenan hat der mächtige Ortsstein einen sonnigen Platz erhalten. Alkersum – auf Friesisch Alkersem – wird erstmals 1462 in einem offiziellen Dokument erwähnt. Das Dorf liegt im grünen Herzen der Insel und ist von fruchtbarem Ackerland umgeben. Die Zahl der Einwohner betrug im Jahr 1900 248 Einwohner, und auf diese kamen bei einer zwei Jahre später erfolgten Zählung 58 Pferde, 452 Rinder und 70 Schafe. Heute hat Alkersum knapp 500 Einwohner, ist als »Pferdedorf« bei Reitern beliebt und seit 1995 anerkannter Erholungsort. Auch Traditionen wie das Hualewjonken (friesisch für Halbdunkeln) und das Üütjschiten (Ausschießen), bei denen es um Männergeselligkeit und Frauenherzen geht, werden in einem 1983 neu gegründeten Verein wieder hochgehalten.

Adresse Hauptstraße/Ecke Süderweg, 25938 Alkersum | Öffnungszeiten jederzeit zugänglich | Tipp Eine weitere Sonnenuhr von Markus Thiessen finden Sie auf der Wyker Promenade hinter Schaper's beim Strandabschnitt 22/23. Das Bodenzifferblatt zeigt die MESZ an, die Kerbe auf der Basalt-Lava-Säule 12 Uhr Ortszeit. Um die Sonnenuhr sind windgeschützte Bänke aufgestellt, dort vergessen Sie in der Sonne garantiert die Zeit.

84 Der Sportboothafen

Per Segelyacht in die friesische Karibik

»Der Wyker Sportboothafen gilt als einer der schönsten Häfen an der Westküste Schleswig-Holsteins«, so steht es überall zu lesen. Mit solchen werbeverdächtigen Superlativen muss man vorsichtig sein, aber wenn man den ruhigen nördlichen Teil des kommunalen Hafens sieht, ist man sofort überzeugt.

Rund 200 idyllische Liegeplätze für Boote mit maximal 15 Meter Länge plus rund 40 Gastliegeplätze befinden sich an der Schwimmsteganlage, geschützt durch Steinmole und Querspundwand. Den Hafen mit der Position 54° 41,7' Nord, 8° 34,7' Ost kann man mit einem Tiefgang von bis zu 1,20 Metern jederzeit anlaufen – im Wattenmeer, wo in manchen Häfen die Boote bei Ebbe auf dem Trockenen liegen, keineswegs eine Selbstverständlichkeit.

Vor Ort grüßen die Schafe mit einem lauten »Mäh« vom Deich, und den Besucher erwartet ein klassifizierter Drei-Sterne-Aufenthalt mit allem dazugehörigen Komfort. Neben einer neuen Slipanlage, um kleinere Boote vom Trailer ins Wasser zu lassen, steht auch ein stationärer Kran mit bis zu zehn Tonnen Traglast zur Verfügung. Drei Sportbootvereine nutzen den Hafen, dazu gehören der Sportbootclub Föhr (SCF), der Föhrer Katamaran Klub (FKK) und der Wyker Yacht-Club (WYC), der bereits am 15.1.1963 gegründet wurde, als viele segelbegeisterte Föhrer noch auf selbst gebauten Küstenjollen unterwegs waren, die an der Seglerbrücke vor dem Sandwall festmachten.

Dass man von Föhr, von der friesischen Karibik, in die echte Karibik und wieder zurück segeln kann, bewies der Föhrer Nikolaus von der Lancken, als er am 1. August 2016 im Wyker Hafen aufbrach, um an Bord der Segelyacht »Lisa«, einer hochseetauglichen Colin-Archer-Ketch mit zwei Holzmasten, rund 10.000 Seemeilen (18.000 Kilometer) zurückzulegen. Sechs Staaten und 24 Ankerplätze später kehrte er im Juni 2017 nach zehn Monaten und 24 Tagen wieder in den Heimathafen auf Föhr zurück.

Adresse Achtern Diek 13A, 25938 Wyk auf Föhr | **Öffnungszeiten** immer zu besichtigen; Infos zu Liegeplätzen beim Hafenbüro am Sportboothafen unter Tel. 0170/4485685 und www.hafen-wyk.de/sportboothafen | **Tipp** Besuchen Sie das nahe, aber versteckt gelegene Feinkostgeschäft Kleine Sünden Föhr im Ziegeleiweg 2. Hier finden Sie Leckereien von Föhr und Kulinarisches aus der ganzen Welt. Als Urlaubsmitbringsel und zum Direkt-Vernaschen.

85 Die sprechenden Grabsteine

Geschichten, die das Leben schrieb

Natürlich sprechen die Grabsteine auf den Friedhöfen von Nieblum, Süderende und Boldixum nicht wirklich, aber sie erzählen mit Symbolen und Worten vom Leben der Verstorbenen, gern auch mal die private Lebensgeschichte. Ein Beispiel dafür ist der Witwen-Grabstein (siehe Ort 110) der Antje Arfsten auf dem Kirchhof von St. Johannis in Nieblum, die eine – wie man heute sagen würde – alleinerziehende Mutter von fünf Kindern war. Ihre Aufgabe hat sie wohl sehr ernst genommen, denn sogar als sie im hohen Alter von 81 Jahren stirbt, hinterlässt sie ihren Kindern einen mahnenden Zuruf auf ihrem Grabstein.

Das Grönlandfahrer-Grab (siehe Ort 31) auf dem Kirchhof von St. Laurentii in Süderende erzählt auf einem besonders schmuckvollen Grabstein die Geschichte von Julius August Ketels, der sich nach 30 Jahren Seefahrt mit seiner Frau noch »gemeinsam dem Aufbau ihres Hauses im Geiste der Liebe und des Glaubens widmen« konnte.

Bei den nebeneinanderliegenden Grabsteinen der Familie Arfsten aus Nieblum auf dem Kirchhof von St. Johannis meint man auf den ersten Blick, es handle sich um die Ruhestätte der Eheleute. Tatsächlich berichtet der Stein mit dem Frauenbildnis von der goldenen Hochzeit. Der Grabstein mit dem männlichen Relief in Uniform und mit Bewaffnung ist jedoch dem Sohn Johannes gewidmet, der mit nur 23 Jahren zu Beginn des Ersten Weltkriegs verstarb. Tatsächlich liegen seine Gebeine nicht unter diesem Grabstein, sondern »in einem Massengrab mit vielen Kameraden, nachdem er die siegreichen Gefechte in Belgien glücklich überstanden hat«.

Auffällig ist, dass sämtliche Texte nicht in der Inselsprache, dem Fering, verfasst sind, sondern in vornehmem Hochdeutsch eingemeißelt wurden. Inselweite Ausnahme bildet der Walfänger-Grabstein (siehe Ort 105) auf Lateinisch.

Adresse Friedhof St. Johannis, Karkstieg, Grabsteine beim Osteingang, 25938 Nieblum, siehe auch die Friedhöfe von Süderende und Wyk-Boldixum | Öffnungszeiten tagsüber zugänglich | Tipp Auch nachgebildete Familienstammbäume auf den Grabsteinen erzählen Geschichte. Tulpen stehen für männliche, sternförmige Blüten für weibliche Familienmitglieder. Sind die Blüten geknickt, so sind diese Personen bereits vor dem an dieser Stelle zu Grabe getragenen Menschen verstorben. Sehr gut zu sehen ist das auf dem Grabstein gegenüber dem Turm von St. Johannis in Nieblum auf dem Grabstein des Deichvogts Volkert Adys.

86 Das Spritzenhaus

Deutschlands erste Jugendfeuerwehr

Im 2013 neu erbauten Spritzenhaus von Oevenum verbirgt sich ein kleines, recht unbekanntes Museum. Noch weniger vermutet man hinter dem modernen Mauergewand die Geschichte von Deutschlands erster Jugendfeuerwehr, die 1882 in Oevenum gegründet wurde – vermutlich ist sie sogar die älteste Europas, manche sagen, der ganzen Welt. Aber das lässt sich nicht sicher nachvollziehen, verbrieft ist die Gründung der ältesten deutschen Berufsfeuerwehr am 16. Januar 1852 in Berlin.

Ganz nach dem Vorbild ihrer Väter, die sich 1880 organisiert hatten, fand die Oevenumer Jugend unter ihrem ersten Hauptmann Simon Braren am 12. Februar 1882 erstmals zusammen. Es war jedoch kein spielerisches Training, tatsächlich mussten die Jugendlichen auch ausrücken und ihre Väter ersetzen, die gerade auf See waren. Zu den ersten Mitgliedern zählt Lorenz Conrad Peters, der seine gesamte Jugendzeit in der Feuerwehr verbrachte und zum 50-jährigen Gründungsjubiläum ein rührendes, 21 Zeilen umfassendes Gedicht schrieb.

Im Jahr 1796 fielen im vier Kilometer entfernten Nachbarort 23 Häuser einer Feuersbrunst zum Opfer – die Nieblumer hatten die Katastrophe schlichtweg verschlafen. Das brachte auch die Oevenumer zum Nachdenken, und so wurde kurz darauf die Feuerglocke (siehe Ort 14) aufs Schulhaus gesetzt. Selbstverständlich wurde die freiwillige Feuerwehr auch in umliegenden Dörfern gerufen – die Glocke läutete 52 Mal in 100 Jahren. Das 100-jährige Jubiläum der Jugendfeuerwehr wurde 1982 groß gefeiert, mit dabei der damalige Ministerpräsident von Schleswig-Holstein, Uwe Barschel.

Nur ein einziges Mal galt das Geläut dem Dorf selbst, es war im Juli 1891 um Mitternacht. Martin Knudsens Scheune brannte. Brandstiftung, wie sich später herausstellte. Die Häuser von Volkert Christiansen und Lorenz W. Ocken waren nicht mehr zu retten, weil sie zu dicht aneinandergebaut waren.

Adresse Karkenstieg 3, 25938 Oevenum | **Öffnungszeiten** Ausstellung im Spritzenhaus zur Geschichte des Dorfes und der Freiwilligen Feuerwehr; weitere Informationen, auch zu den Öffnungszeiten, bei der Gemeinde Oevenum, Tel. 04681/8635 | **Tipp** Die großen, am Spritzenhaus angebrachten Kupfertafeln erzählen von der Geschichte Föhrs.

87 Die St.-Laurentii-Kirche

Kirchenbau in Kürze

»Jetzt lass mal die Kirche im Dorf« – das Sprichwort zeugt davon, dass die Kirche oft den Mittelpunkt eines Dorfes bildet. Nicht so die St.-Laurentii-Kirche in Süderende, die erstmals 1240 in einem Kirchenverzeichnis erwähnt wird. Bis heute stehen nur wenige Gebäude im Umfeld der Pfarrkirche, deren Zuständigkeit für die sieben umliegenden Dörfer sich übrigens auch an der Confitentenlade (siehe Ort 7) zeigt, ein sehr selten erhaltenes Ausstattungsstück, das vermutlich aus dem 18. Jahrhundert stammt.

Der heutige Grundriss der Kirche könnte auch die Überschrift tragen: »Kirchenbau – ein Streifzug durch die Jahrhunderte«. Der romanische Bau wurde ursprünglich als rechteckiger Bau ohne Turm errichtet. Im anschließenden 13. Jahrhundert entfernte man die Westwand und erweiterte die Kirche um neun Meter – zeitgemäß mit Backsteinen. Die Granitquader der abgetragenen Wand wurden kurzerhand wiederverwendet, noch heute deutlich zu sehen. Recycling bereits im Mittelalter. Hinzu kamen eine größere Choranlage, eine baulich veränderte Apsis und ein neues Norderquerhaus, womit wir in der spätgotischen Bauperiode im 15. Jahrhundert angekommen sind, in dem endlich der beeindruckende Kirchturm mit bleigedecktem Satteldach errichtet wurde.

Die auf halber Höhe des Turms sichtbaren Rundbogenfriese sind typisch für das Mittelalter, kamen jedoch erst 1964 als freie künstlerische Interpretation bei einer kompletten Neuverblendung mit maschinell hergestellten Backsteinen hinzu. Die lange Zeit überstrichenen Deckenmalereien aus dem 17. Jahrhundert wurden zwar 1954 freigelegt, jedoch mit sehr weitgehenden Ergänzungen und Übermalungen restauriert. Einziges barockes Original ist nur noch die Henkersgestalt bei der Orgel. Leider hat die sehenswerte Kirche im 20. Jahrhundert weitere Renovierungsarbeiten über sich ergehen lassen müssen, bei denen man besser mal die Kirche im Dorf gelassen hätte.

Adresse Sarkstigh, 25938 Süderende | **Öffnungszeiten** tagsüber außerhalb von Gottesdiensten immer zur Besichtigung offen | **Tipp** Beim Nordausgang, Richtung Süderende, befindet sich der Grabstein von Elen Flor, die von 1685 bis 1697 zur kirchlichen Juratin bestellt worden war, ein Amt, das meist nur von Männern bekleidet wurde und unter dem Begriff Kirchenvater besser bekannt ist.

88 Die Stadtglocke

300 Jahre Wyker Geschichte voller Emotionen

»Für uns, die wir mit Wyker Pumpenwasser getauft sind, ist der Glockenturm seit jeher das Wahrzeichen unserer Heimatstadt am Meer. Der einfache, tropfende Klang seiner Glocke hat für uns etwas Rührendes, und immer, wenn wir nach langer Abwesenheit heimkommen, war dieser schlichte, vertraute Glockenturm unser allerinnigster Willkommensgruß«, schwärmt ein Wyker im Juni 1953 im Insel-Boten und spricht dabei wohl vielen aus dem Herzen.

Rührend auch die Inschrift auf der Glocke, die außerdem Auskunft darüber gibt, dass sie 1701 in Hamburg gefertigt sowie 1730 und 1833 umgegossen wurde. Es war wohl verführerisch, die Glocke als Streich zu läuten, was Petrus Matthiesen am 13. April 1714 zu einem öffentlichen Aushang veranlasste, in dem er zwei Reichsmark Strafgeld androhte, »falls sich jemand gelüsten ließe, eigenmächtig diese Klocke zu leuten«.

Bis 1886 rief die Glocke zur Kirche, bei Sturmflut und Feuergefahr, seither lässt sie alle Viertelstunde »ihr helles Stimmchen« über dem Ort erklingen. »Möge sie unserem Ort noch viele friedvolle und glückliche Stunden einläuten«, wünscht man der Glocke anlässlich ihres 250. Geburtstags 1951 im Insel-Boten. Und was ist schon Schillers Glocke gegen das Lied, das Lehrer Francke 1870 in Knittelversen für die Wyker Glocke schrieb.

Erst 2009 wurde die »Sturm- und Betglocke« durch eine neue ersetzt, die vom Lions Club Föhr gestiftet und in Maria Laach gegossen wurde. Bei der feierlichen Einweihung kam viel Taufwasser vom Himmel. Eine verplombte Kupferrolle – mit Stiftungsrolle, dem aktuellen Insel-Boten und einem Euro-Münzsatz – wurde traditionsgemäß im Turm hinterlassen. Vorbei sind die Zeiten, dass man am ollen Strick ziehen musste – das Glockengeläut wird nun mittels elektronischer Steuerung geregelt. Wenn diese über 300 Jahre alte Glocke sprechen könnte, was würde sie uns alles über die Wyker Geschichte erzählen!

Adresse Mittelstraße, am Grünstreifen auf Höhe von Haus Nummer 33, 25938 Wyk auf Föhr | Öffnungszeiten immer zu besichtigen | Tipp In Sichtweite befindet sich der Eingang zur Stadtbücherei, Mittelstraße 33, die auch allen Feriengästen für die Medienausleihe zur Verfügung steht. Als Nutzer haben Sie auch Zugriff auf die »Onleihe Zwischen den Meeren«, falls Sie lieber elektronische Medien benutzen möchten.

89 Die Stadtsäule

Steinmetzkunst vermittelt Stadtgeschichte

Rund 5,5 Tonnen schwer, ein Durchmesser von 80 Zentimetern und 3,40 Meter hoch – das sind die gewichtigen Zahlen der Wyker Stadtsäule, die anlässlich des 2010 begangenen 100-jährigen Stadtjubiläums beim Föhrer Steinbildhauermeister Markus Thiessen beauftragt und am 3. Juni 2014 in Wyk am Rosenbeet auf dem Dreiecksplatz errichtet wurde. Hierfür musste sie mit einem Tieflader von der Werkstatt des Meisters nach Wyk gebracht und mit einem Kran aufgestellt werden. Am Fuß der Stadtsäule liegt eine 3,6 Tonnen schwere »Welle« aus schwarzem Diabas, die auf eine 1,1 Tonne schwere »Wattenmeer-Sandbank« aus Sandstein trifft.

Fünf Jahre lang hat Thiessen den Sandsteinmonolithen bearbeitet, und bei genauem Hinsehen offenbart sich der Grund dafür: In zahlreichen landschaftlichen Flachreliefs wird die Geschichte Wyks von ihren Anfängen bis in die Gegenwart dargestellt.

Die Reliefgeschichte beginnt mit der letzten großen Mandränke (siehe Ort 32) von 1634, zu erkennen an Kirchturmspitzen und Hausdächern, die aus dem Wasser ragen. Weiter geht es mit der in Stein gehauenen »Deklaration ob by de Wiecks Gerechtigkeit Hafen 1704 Flecken 1706 Markt 1710«, aus der sich das Relief langsam emporwindet, genau wie sich die Stadt einst erhoben hat. Reichtum folgte im frühen 18. Jahrhundert durch den Walfang, was die nächste Szene symbolisiert. Endlich, 100 Jahre nach Erlangung der Hafengerechtigkeit, hat Wyk 1806 seinen ersten befestigten Hafen (siehe Ort 35), zahlreiche Häuser deuten den weiteren Aufstieg der Stadt an, die im 19. Jahrhundert zum Seebad wird. Badekarren (siehe Ort 2) und Raddampfer, die großen Stadtbrände, der neue Glockenturm (siehe Ort 25), das Friesen-Museum (siehe Ort 22) und die Reederei (siehe Ort 74) sind weitere Reliefstationen auf dem Weg in die Gegenwart. Die Stadtsäule ist als Meisterwerk der Steinbildhauerkunst ein perfekter geschichtlicher Stadtrundgang – im wahrsten Sinne des Wortes.

Adresse auf dem Dreiecksplatz am Rosenbeet, Ecke Mittelstraße, Carl-Häberlin-Straße, 25938 Wyk auf Föhr | **Öffnungszeiten** jederzeit zugänglich | **Tipp** Erfahren Sie noch mehr über die Insel auf einer Inselrundfahrt ab Wyk/Hafen mit Geschichte(n) über Land und Leute. Tickets bei allen W.D.R.-Vorverkaufsstellen. Weitere Informationen unter www.taxi-korf.de/inselrundfahrten. Oder Sie fahren mit dem Friesenexpress rund um die Insel. Weitere Informationen unter www.friesenexpress-foehr.de.

90 Das Stadtwappen

Wie ein havariertes Schiff aufs Wappen kam

Am 15. April 1706 erhielt Wyk die Fleckensgerechtigkeit – immerhin brachte es der Ort auf 98 Häuser – und bekam damit ein Untergericht und eine eigene Verwaltung. Fortan gab es also einen Gerichtsvogt, zwei Gerichtsbeisitzer, zwei Ratmänner und fünf bis acht Fleckensvorsteher. Am 28. Januar 1708 folgte die Erlaubnis, sich ein eigenes Siegel anschaffen zu dürfen. Man wählte »ein abgetakeltes Schiff, auf dem Meere schwimmend, mit der Inschrift ›Sigillum Wieck. Incertum quo fata ferunt‹« – übersetzt heißt es: Es ist ungewiss, wohin das Schicksal führt.

Für jene Zeit ist diese Entscheidung nachvollziehbar, schließlich kannten die Wyker vor allem Sturmfluten, Missernten, Krankheiten und Schiffsunglücke – erst 1702 hatten sie zwei Walfangschiffe verloren. Große Lebensunsicherheit war die tägliche Begleiterin, und zugleich ließen sich die Wyker nicht unterkriegen, ihr havariertes Schiff versank nicht.

In heutiger Zeit mutet ein solches Schiff als Wahrzeichen einer Stadt zunächst befremdlich an, und genau das führte 1955 zu großen Diskussionen, als Wyk ein neues Wappen erhalten sollte, da »ein Wrack wirklich kein Symbol für unsere kräftige Stadt darstellt«. Der Insel-Bote ist mit dem Abdruck von solchen Leserbriefen beschäftigt, denn es gibt auch Befürworter zur Übernahme des alten Siegels ins Wappen: »Symbole, die ein Vierteljahrtausend allen politischen und wirtschaftlichen Veränderungen standhielten, sind es aber doch wohl wert, daß sie unverändert in ihrer Urform beibehalten werden.« Möchte man spitzfindig sein, so konnte das Wappen (!) gar nicht neu sein, denn Wyk hatte es seit Verleihung der Stadtrechte 1910 schlicht versäumt, sich um ein Stadtwappen zu kümmern.

Am 29. Juni 1956 dann der Beschluss: Ein neues Wappen in Anlehnung an das alte Siegel, zusätzlich mit einem Stern versehen, als Symbol für seemännische Navigation, als guter Stern der Hoffnung.

Adresse an der Hauswand der Stadtverwaltung Amt Föhr-Amrum, Hafenstraße 23, 25938 Wyk auf Föhr | Öffnungszeiten immer zu besichtigen | Tipp Noch deutlicher erkennen Sie das Wappen an der Fassade des Hauses mit der Nummer 16 in der Hafenstraße, das nur wenige Schritte von der Stadtverwaltung entfernt liegt.

91_Das Stine-Andresen-Grab

Eine erfolgreiche Dichterin in großer Not

Wer ist Stine Andresen, die bis in die 1950er Jahre weit über Föhr hinaus bekannte und bedeutende Dichterin? Sie wird am 23. Dezember 1849 in Boldixum geboren. Als sie sechs Jahre alt ist, stirbt ihr neugeborener Bruder Simon, als sie 16 Jahre ist, verliert sie ihre Mutter, in den Jahren darauf folgen ihre Geschwister Jan (1873) und Lena (1884).

Am 10. November 1874 heiratet sie mit 24 Jahren den Müller Emil Andresen. Das Glück des Paares währt nur kurz, am 19. September 1878 schlägt ein Blitz in die Mühle ein. Die Venti Amica (siehe Ort 103) wird 1879 neu erbaut, doch am 2. September 1895 stirbt ihr Ehemann mit 42 Jahren. Stine dichtet: »Sie trugen dich hinaus, ich blieb in Tränen / Allein zurück im öden Totenhaus. Darnieder liegt mein Wünschen und mein Sehnen / nach künft'gem Glück – sie trugen dich hinaus.«

Der Badearzt Dr. Gerber sorgte entgegen ihrer Bescheidenheit 1893 für die Herausgabe ihrer Gedichte. Ein Verkaufserfolg, mehrere Auflagen, doch ihr Mann hat ihr einen Schuldenberg hinterlassen, die Mühle wird zwangsversteigert. Stine Andresen wird »schwer gemütskrank« und zieht in ihr Elternhaus nach Boldixum, wo sie dem Dichter Christian Morgenstern (siehe Ort 63) 1905 begegnet. Die rumänische Dichterkönigin Carmen Sylva ist eine vertraute Freundin, in Briefkontakt steht sie mit der Witwe des Dramatikers Friedrich Hebbel. Ab 1917 erhält sie von der Friedrich-Hebbel-Stiftung in Kiel jährlich 600 Mark, doch ihre Gedichtbände werden nicht neu aufgelegt.

»Aus tiefer Not und Bedrängnis heraus« schreibt Stine Andresen am 4. Juni 1920 an den Schriftstellerfreund Otto Ernst und bittet ihn um einmalige finanzielle Hilfe. »Hören Sie meinen Notschrei und retten Sie mich.« Er vermittelt ihr eine Spende von 100 Mark. Stine Andresen entschläft am 13. Mai 1927. »Mit ihr verlässt uns eine der markantesten Erscheinungen«, heißt es im Nachruf des Föhrer Lokalanzeigers.

Adresse Friedhof St. Nicolai, Kirchenweg, am südöstlichen Eingang, 25938 Wyk auf Föhr (Boldixum) | **Öffnungszeiten** tagsüber immer zugänglich | **Tipp** Schauen Sie an der Venti Amica, der Windmühle in Wyk in der Mühlenstraße, genauer hin. Dort befindet sich eine Gedenktafel für Stine Andresen mit einem zusammengesetzten Motiv aus Kreuz, Herz und Anker, ein Symbol aus der christlichen Ikonografie, das »Glaube, Liebe, Hoffnung« bedeutet.

92 Das Stöpe-Tor

Achtung Hochwasser!

Was ist eine Stöpe? Noch nie gehört? Jenseits von Deichen ist das kein Wunder. Der Begriff Stöpe hat seinen Ursprung in dem Wort stopfen und meint hier: eine Deichlücke schließen. Stöpen sind gewollte Öffnungen in Deichen für den Durchlass von Fußgängern, dem Straßenverkehr oder seltener sogar für den Schienenverkehr, was man am Hafen Dagebüll Mole (siehe Ort 8) gut beobachten kann. Diese Öffnungen unterschiedlicher Breiten werden mittels verschiedener Techniken bei einer Flutwarnung oder grundsätzlich im Winter geschlossen.

Der Wyker Hafendeich wurde 1965/66 gebaut – als Lehre aus der Jahrhundertsturmflut von 1962 –, und dort befindet sich die bedeutendste Stöpe von Wyk, durch die Sie auf direktem Weg vom Hafen in die Stadt gehen. Und würde dort nicht eine Messlatte hängen, fiele dieser besondere Durchgang kaum auf – solange er geöffnet ist. Bei Vorhersage von hohen Wasserständen wird die Stöpe geschlossen, damit nicht wie in früheren Jahren die Wellen gegen das Strandhotel schlagen. Das Wyker Hafenamt verlässt sich dabei jedoch nicht nur auf die Prognosen des Bundesamtes für Seeschifffahrt und Hydrographie (BSH), sondern auch auf die eigene Erfahrung.

Noch unauffälliger ist die Fußgängerstöpe am Hafendeich, aber achten Sie beim ehemaligen Hafenamt, heute Föhr to Huus-Shop, mal genauer auf die Mauer und insbesondere auf die Ausbuchtung als Lagerstelle für die Dammbalken. Entlang der Wyker Strandpromenade entdecken Sie bei genauem Hinsehen eine Vielzahl weiterer, unterschiedlich konstruierter Stöpen, die zum Großteil in privater Hand sind, da sie ein einzelnes Grundstück schützen und zugleich den Weg für die Bewohner zum Strand verkürzen.

Schauen Sie doch mal beim Sandwall 15 a vorbei – dort ist die Stöpe der einzige Zugang zum Grundstück, und beim Haus Irma am Sandwall 21 betritt man das Gebäude von der Promenade aus durch die Stöpe, die zum Keller führt. Solche Hauseingänge hat nicht jeder!

Adresse Am Hafen/Ecke Hafenstraße, 25938 Wyk auf Föhr | **Öffnungszeiten** immer zu besichtigen | **Tipp** Einen Gezeitenkalender bekommen Sie bei der Tourismus GmbH oder als Download unter www.foehr.de/gezeiten. Das Hafengelände haben Sie mit der Webcam unter www.foehr.de/webcam-bei-der-reederei-am-faehranleger-wyk auch von zu Hause aus immer im Blick.

93_Der Storchenpark

Die Geschichte von Romeo und Julia

Gibt es Fata Morganas im Wattenmeer, oder war der Wein am Abend zu viel? Diese Frage stellt man sich unweigerlich beim Anblick eines am Flutsaum umherstaksenden Storches, der obendrein offensichtlich salziges »Frutti di Mare« anstelle von Fröschen und Würmern aus dem Süßwasser zur neuen Leibspeise erkoren hat. Noch weniger traut man seinen Augen, wenn man den Stadtbummel plötzlich in Begleitung eines Storches verbringt. Denn Meister Adebar promeniert ganz unbeeindruckt von den Menschenmassen auf dem Sandwall, wo sich die Geschäfte und Cafés aneinanderreihen, und vertreibt sich entspannt die Zeit.

Tatsächlich also, Störche haben die Insel zu ihrem Lebensraum erklärt, und wenn man die Augen offen hält, entdeckt man ihre Nester: zum Beispiel im Park an der Mühle (siehe Ort 71) in Wyk, auf Privathäusern und natürlich im versteckt gelegenen Storchenpark bei der Villa Friede, wo die Tiere in den hohen Bäumen und durch einen Zaun geschützt sogar auf unserer Augenhöhe ihre Nester bauen und die Jungen aufziehen.

Doch wie kamen sie überhaupt dorthin? Die Geschichte beginnt Mitte der 1990er Jahre mit dem verletzten Waisenkind Romeo, der von dem Föhrer Dieter Risse von Hand aufgepäppelt wurde. Und weil ein Storch nicht gern allein ist, kam Julia hinzu. Dass die beiden im Wattenmeer lediglich Nahrung fanden, die nicht auf dem gewöhnlichen Speisezettel eines Weißstorches steht, störte sie nicht, und so wuchs mit den Jungstörchen der beiden Verliebten eine wild lebende Population von mittlerweile rund 25 Störchen heran, die teilweise auch auf der Insel überwintern. Renate Sieck, allen auch als »Tante Renate« bekannt, sorgt seit 2006 für die Errichtung weiterer Storchennester auf der Insel und somit für die Ausbreitung der Art.

Die Störche haben auf Föhr eine neue Heimat gefunden, und damit das so bleibt, bitte die Tiere nicht füttern und Hunde anleinen.

Adresse Feldstraße 11, 25938 Wyk auf Föhr | **Öffnungszeiten** immer zugänglich, Führungen durch das Gehege Mo 10.30 Uhr, Mi 15.30 Uhr, Fr 11.30 Uhr; bitte beachten Sie aktuelle Hinweise zur Veranstaltungsdurchführung; weitere Infos und Nottelefon Dieter Risse Tel. 04681/59200 und www.inselstorch.de | **Tipp** Unter www.inselstorch.de bieten Webcams Einblick in verschiedene Nester. So kann man die Störche ganz nah beim Brüten und der Aufzucht ihrer Jungen beobachten.

94 Der Strandbrüter

Brutvogel bei der Arbeit – bitte nicht stören!

Ein Brutvogel mitten am Hauptbadestrand? Das gibt es doch gar nicht. Ist der echt? Nein, oder? Doch. Da hockt tatsächlich ein schwarz-weißer Vogel mit einem signalroten langen Schnabel mitten am Hauptbadestrand zwischen den Strandkörben und rührt sich nicht von der Stelle. Sie haben einen brütenden Austernfischer vor sich, wie das Schild verrät: »Brutvogel bei der Arbeit.« Die Umfriedung dieses Bereichs mit einem orangefarbenen Seil signalisiert zusätzlich: Bitte nicht weiter nähern.

Immerhin drei Quadratmeter Brutgebiet werden dem Vogel zugestanden – wobei von Schutzzone nicht die Rede sein kann. Von natürlichen Fressfeinden abgesehen, können sich leider auch frei laufende Hunde nähern. Darum bitte den Vierbeiner am Strand immer an die Leine nehmen, das ist ohnehin Pflicht. Hält man den Abstand nicht ein, lernt man außerdem, wie ohrenbetäubend ein Austernfischer krakeelen kann.

Doch warum sucht sich ein Austernfischerpaar ausgerechnet dieses belebte Gebiet aus, noch dazu Jahr für Jahr? Leider wählt der Austernfischer seinen Neststandort nicht nach Sicherheit, sondern nach Nahrungsangebot aus. Und »Nest« ist genau genommen auch übertrieben, eine Sandmulde genügt, in der die Eier abgelegt werden. Und so wie sie gern ihrem Partner treu bleiben, behalten sie ihren einmal gewählten Brutplatz ein Leben lang und verteidigen diesen mit Schnabel und Klauen gegen jeden Eindringling.

Aufgrund seiner roten Beine, des schwarz-weißen Gefieders und des roten Schnabels wird auch klar, wie er zu seinem Namen »Halligstorch« gekommen ist, denn eine Artverwandtschaft zu den Störchen gibt es natürlich nicht. Der Austernfischer sucht sich übrigens nicht nur gefährliche Brutplätze aus, er lebt noch dazu unter falschem Namen, denn der Vogel fischt weder nach Nahrung, noch stehen Austern auf seinem Speisezettel. Ein seltsamer Vogel – und leider wird er auch immer seltener.

Adresse am Hauptstrand von Wyk, 25938 Wyk auf Föhr | **Öffnungszeiten** geschlossene Gesellschaft, bitte halten Sie Abstand | **Tipp** Sollten Sie ein Gelege entdecken, das noch nicht entsprechend markiert wurde, benachrichtigen Sie bitte die Schutzstation Wattenmeer unter Tel. 04681/1313 oder schicken Sie eine E-Mail an foehr@schutzstation-wattenmeer.de.

95 Der Sturmflut-Stein

Markante Erinnerung

Das Jahr 1962 hatte bereits sehr stürmisch begonnen, doch mit dem Sturmtief »Vincinette« spitzte sich die Lage Mitte Februar zu. Ein ziemlich niedlich klingender Name für den Auslöser einer der größten Sturmfluten des 20. Jahrhunderts an der deutschen Nordseeküste – aber was sich da zusammenbraute, ahnten auch die Meteorologen nur schrittweise.

Als jedoch in den Abendstunden des 16. Februar 1962 mit dem auflaufenden Wasser der Orkan einsetzte, waren die Insulaner in Alarmbereitschaft, denn das ist – milde ausgedrückt – keine gute Kombination. Um 23 Uhr heulten die Sirenen in Wyk. Sandsäcke wurden befüllt und Barrieren errichtet. Vergeblich.

Für das, was eine Großstadtpflanze Wind nennt, haben die Föhrer nur ein müdes Lächeln übrig. »Sturm haben wir erst, wenn die Schafe auf dem Deich keine Locken mehr haben.« Als im Verlauf der verhängnisvollen Februarnacht Böen der Stärke 14 auftraten, was eine Windgeschwindigkeit von 150 bis 166 Stundenkilometern bedeutet, und das Hochwasser gemäß der Gezeitentabelle erst um 0.40 Uhr zu erwarten war, verging auch den Insulanern das Lachen. Die Flut kam mit aller Gewalt. »Die Mauern vor den Gärten des Hotels Westerwald, des Atlantischen Hofes und des Strandhotels wurden von der Brandung einfach umgeworfen. Damit hatte die Flut ungehinderten Zutritt zu den Kellern dieser Häuser«, berichtet der Insel-Bote, auch die Wyker Hafenstraße bot ein Bild der Verwüstung.

Auch im Nordwesten der Insel gab es schwere Schäden, am Dunsumer Deich konnte ein Durchbruch gerade noch verhindert werden. Insgesamt rund zwei Milliarden Euro hat das Land Schleswig-Holstein seit 1962 für die Verbesserung des Küstenschutzes bereitgestellt, die Unterhaltung der Küstenschutzanlagen schlagen mit rund 18 Millionen Euro jährlich zu Buche. Kein Cent zu viel angesichts der 350.000 Menschen, die in Schleswig-Holstein in überflutungsgefährdeten Gebieten leben.

Adresse bei Sarkstigh 27a, 25938 Süderende | Öffnungszeiten immer zugänglich | Tipp Einen weiteren Sturmflut-Stein, der an die Flut von 1962 erinnert, finden Sie versteckt gelegen in Utersum, am Ende des Strunwais, kurz vor dem Deich.

96 Der Südstrand

Wassersport und Wattenmeer

Einmal Südstrand – immer Südstrand, das sagen sich viele, nachdem sie erstmals den Weg vom dicht mit Strandkörben besiedelten Wyker Hauptstrand zum Südstrand gefunden haben. Dabei liegt dieser nur einen guten Kilometer vom Zentrum entfernt. Beim Leuchtturm Olhörn (siehe Ort 54) macht die Promenade einen Knick, und schon sind Sie am Südstrand. Der »Knick« ist übrigens auch ein Trick, wenn der Ostwind mal wieder zu stark bläst – dann ist es am Südstrand meist ruhiger. Familien mit Kindern lieben das flach abfallende Wasser (allerdings ist dieser Strandabschnitt nicht bewacht), und (nicht nur) bei Südwestwind herrschen beste Wassersportbedingungen.

Für Kinder bietet eine Trampolinanlage direkt am Südstrand hüpfendes Vergnügen, während sich die Erwachsenen an Sprüngen auf dem Wasser versuchen. Ob Kitesurfen, Windsurfen, oder lieber Segeln, vom Opti (bereits für Kinder ab 6 Jahren) bis zum Katamaran oder Stand-up-Paddling – die beiden Surfschulen »Windsurfing Föhr« beim Strandlokal Pitschi's und »Schaper's GmbH« beim gleichnamigen Strandlokal stehen mit ihrem Equipment für Anfänger und Fortgeschrittene bereit. Die Kurse müssen sich jedoch nach den Gezeiten richten – bei Ebbe kann man den Meeresboden zu Fuß erkunden. Nur wagen Sie sich bitte nicht zu weit hinaus, das Wasser kommt schneller zurück, als man denkt.

Der Südstrand liegt übrigens schon länger im Trend, als man vermuten würde. 1908 bemerkt der Reiseführer: »Während in früheren Jahren der nördlich vom Flecken gelegene Königsgarten, eine um das Spülbassin von dem König Christian VIII. angelegte Parkanlage, von den Kurgästen viel besucht wurde, hat sich in den letzten Jahren der Verkehr nach dem Badestrand, wo außer dem Schützenhof mehrere Erfrischungshallen vorhanden, hingezogen. Seit 1898 ist auch dort die Villenkolonie ›Südstrand‹ entstanden.« Das Villenflair findet man auch heute noch.

Adresse zwischen Leuchtturm Olhörn und Fehrstieg, 25938 Wyk auf Föhr | **Öffnungszeiten** immer begehbar | **Tipp** Weitere Surfschulen auf der Insel finden Sie in Nieblum. Hier ist die »Nieblumer Wassersport Schule« beim Badestrand Ende Heidweg. Weitere Informationen unter Tel. 046 81/4766 sowie unter https://nws-foehr.de. Im Inselnorden liegt die Surfschule »westend surfing« von Ben Blum beim Utersumer Hundestrand. Weitere Informationen unter Tel. 0151/70101530 sowie unter http://westendsurfing.com.

97 Der Swarte Lock Gang

Das Gängeviertel von Wyk

Nein, hier ist nicht von einer Gruppe Banditen die Rede, auch ist der Weg, der »Schwarze-Loch-Gang«, nicht mehr so gefürchtet wie früher, aber damals führte er von der Mittelstraße zum Haus des Ortspolizisten, in dem zugleich seit 1848 die Gefängniszelle war. Da wählte manch einer den großen Bogen und verzichtete auf die Abkürzung durch den Gang.

Zuvor befand sich das Gefängnis im Schulhaus, das 1773 an der Ecke Mühlenstraße/Große Straße errichtet worden war – samt einer Zelle im Kellergewölbe, in der die Gefangenen mit den Schülern um die Wette lärmten. Sehr zum Missfallen des Lehrers, der den Umzug des Gefängnisses deshalb begrüßte – und zum Ärger der Schüler, die fortan einen weiteren Weg hatten und durch den Swarte Lock Gang zum Gefängnis, also zum schwarzen Loch, gehen mussten. Allerdings hatte so ein Gefangener immer Bedarf an Tabak oder Alkohol, den sie ihm bald heimlich zukommen ließen. Was für ein Abenteuer.

Bis zum großen Brand von 1869 war Wyk wie ein Adernetz von Gängen durchzogen, die den angrenzenden Grundstückseigentümern gleichermaßen gehörten und die großen Straßen auf kürzesten Wegen mit den dicht an dicht stehenden Häusern verbanden. Heute finden Sie noch wenige solcher Gänge, die von der Mittelstraße in die Süderstraße und von der Großen Straße in die Hafenstraße führen, außerdem einen Gang zur Carl-Häberlin-Straße, die jedoch alle verschlossen sind.

Wenn sie auch einmal durch den Schwarze-Loch-Gang gehen möchten, vorbei an sehenswerten Vorgärten und kleinen, historischen Reetdachhäusern, so achten Sie auf den leicht zu übersehenden Zugang am oberen Ende der Mittelstraße bei der grünen Pumpe. Wo heute eine Goldschmiedin im Eckhaus ihr Handwerk ausübt, saßen früher übrigens die Redakteure des Föhrer Lokalanzeigers, und gleich nebenan befand sich die Druckerei. Geblieben ist das Gefühl von Abenteuer im Swarte Lock Gang.

Adresse Gang zwischen Mittelstraße und Süderstraße, 25983 Wyk auf Föhr | Öffnungszeiten immer zugänglich | Tipp Nehmen Sie sich Zeit, durch den Swarte Lock Gang zu schlendern. In den kleinen, im Sommer bunt blühenden Vorgärten entdecken Sie hübsche Details.

98 Der Sylt-Spot

Ein Blick auf die größte deutsche Nordseeinsel

Wenn es um den Ausblick auf fantastische Sonnenuntergänge geht, ist der Utersumer Deich längst kein Geheimtipp mehr. Doch selbst im Sommer geht es dort noch recht beschaulich zu – einige sitzen am Fuß des Deiches am Strand auf der Picknickdecke oder im gemieteten Strandkorb mit einem Gläschen Wein, und mit gelöster Zunge singt sich »Wenn die rote Sonne bei Capri im Meer versinkt …« auch viel besser. Doch halt – es muss Sylt und nicht Capri heißen, denn hinter der Nachbarinsel geht die Sonne unter.

Sylt ist mit knapp 100 Quadratkilometern die größte der deutschen Nordseeinseln, von Utersum aus fallen besonders die sandige Südspitze der Insel – die Hörnum Odde – sowie der Hörnumer Leuchtturm ins Auge, der seit 1907 den großen Passagierdampfern aus Hamburg den sicheren Weg zum Hafen gewiesen hat – bis 1927 der Hindenburgdamm gebaut wurde. Heute gelangen Sie entweder über diese Schienenstrang-Nabelschnur auf die Nachbarinsel, indem Sie mit der Fähre vom Wyker Hafen nach Dagebüll Mole fahren, weiter mit dem Zug nach Niebüll, dort umsteigen und dann nach rund zwei Stunden in Westerland ankommen. Oder Sie fahren ausschließlich per Schiff mit der Adler-Linie mit Umstieg auf Amrum nach Hörnum auf Sylt, wo Sie jedoch nur 5,5 Stunden Aufenthalt haben. Besonders abenteuerlich ist natürlich das Inselhopping per Charterflugzeug.

Drei Wege, um (mindestens) einen Tagesausflug auf die Insel der »Reichen und Schönen« zu machen. Jenseits dieses Klischees werden Sie feststellen, dass Sylt nämlich besonders reich an schöner Natur ist und Inseldörfer mit ganz unterschiedlichem Charakter hat. Das Rote Kliff, die Uwe-Düne als Aussichtspunkt, das Keitumer Kapitänsdorf, das Rantumbecken als Europareservat, die fünf unterschiedlichen Leuchttürme, Museen und Erlebniszentren und ganz im Norden das in Deutschland einmalige Wanderdünengebiet – da lohnt sich ein näherer Blick.

Adresse Promenade Utersum, 25938 Utersum | Öffnungszeiten immer, zum Sonnenuntergang besonders schön | Tipp Wer den Sonnenuntergang im Strandkorb genießen möchte, muss diesen rechtzeitig bei der Tourist-Information im Haus des Gastes in Utersum buchen, am besten vor Urlaubsantritt unter Tel. 04681/300.

99 Das Theodor-Storm-Haus

Wo der Dichter seine große Liebe fand

Das Haus in der Großen Straße 15 in Wyk ist heute eng mit dem Namen Theodor Storm verknüpft, obwohl er nur ein paar Tage auf Föhr zu Besuch war. Denn dort begegnete er »als vielleicht zwölfjähriger Knabe« seiner ersten großen Liebe: Emma Kühl. »Wir spielten zusammen, fuhren zusammen aus und waren ganz verliebt ineinander; ich erinnere deutlich, daß wir uns mehrfach hinter der Küchentür heimlich geküßt haben, beide damals Kinder.« Emma war die Tochter des Zollverwalters und wuchs in besagtem Haus auf, das schräg gegenüber der Apotheke lag. In dieser wiederum hielt sich Theodor Storm bei der Apothekersfrau Agatha Catharina Becker, einer Verwandten mütterlicherseits, auf.

Als er im September 1837 als 20-jähriger Student in Husum seine Schwester besucht, die unterdessen mit Emma befreundet ist, trifft er die mittlerweile 17-Jährige wieder, die zeitgleich von Föhr angereist war, und dann »wurde es jetzt alle Tage toller«. Und so kam es: »Morgens am dritten Oktober versprach ich mich förmlich mit ihr«, doch schon »denselben Nachmittag fühlte ich heftige Reue über diesen Schritt … Ich wagte nicht, das Verhältnis ohne weitres zu zerreißen, weil ich Eklat fürchtete.«

So fuhr er nach Kiel zurück und sie nach Föhr. Keiner schrieb dem anderen, bis Emma Kühl ihm am 28. Februar 1838 den ersten und einzigen Brief schickte und »mit dem Rechte einer Schwergekränkten« ihr Wort zurücknahm.

Dies alles beichtet er am 11. Juni 1844 seiner Cousine und Verlobten Constanze Esmarch. »Wende Dein mildes Herz nicht von mir beim Lesen«, so hofft er inständig und wird erhört. Die Ehe hält knapp 20 Jahre, bis Constanze bei der Geburt des siebten Kindes verstirbt – gerade 40 Jahre alt. Theodor Storms Liebe zu Föhr beschränkte sich auf einen Verwandtschaftsbesuch, doch mit seinem 1833 verfassten Gedicht »An Emma« machte er seine Liebe zu dem Föhrer Mädchen unsterblich.

Adresse Große Straße 15, 25938 Wyk auf Föhr | Öffnungszeiten nur von außen zu besichtigen | Tipp In der Großen Straße steht eine lange Reihe Ginkgo-Bäume. Die würde man auf einer Nordseeinsel nicht erwarten, aber sie sind tatsächlich sehr widerstandsfähig. Wussten Sie, dass der Ginkgo-Baum Johann Wolfgang von Goethe 1815 zu einem Liebesgedicht inspiriert hat? Er fragt sich: »Ist es ein lebendig Wesen / Das sich in sich selbst getrennt? / Sind es zwei, die sich erlesen / Dass man sie als eines kennt?« Schauen Sie sich die herzförmigen Blätter einmal genauer an.

100 Triibergem

Wo Sagengestalten haus(t)en

Aus dem Friesischen übersetzt bedeutet Triibergem »bei den drei Hügeln«. Die bronzezeitlichen Grabhügel liegen an der gleichnamigen Straße in Utersum, im nördlichsten Ort der Insel, der bereits 1360 erstmals urkundlich erwähnt wurde. Das mag angesichts des beschaulichen Dorfes mit rund 400 Einwohnern erstaunen, wo ein Bäcker, ein Lebensmittelgeschäft und ein paar Restaurants das touristische Zentrum bilden.

In dem herrlich ruhigen Urlaubsort erzählen jedoch allein schon die Straßennamen Geschichte. Wie in keinem anderen Ort auf Föhr sind diese durchgängig auf Fering, dem Föhrer Friesisch, verfasst. Bi Trentaft bedeutet »bei den runden Hausplätzen«, Ban Taarep lag somit innerhalb des Dorfes, die Stichstraße Bütj Dik außerhalb des Walles, die Hauptstraße Jaardenhuug erinnert an einen ehemaligen Grabhügel, ebenso wie die Straße Dernhuug. Utersum selbst leitet sich von dem altfriesischen Vornamen Udheri ab und kann mit Udheris Siedlung übersetzt werden.

Nun wundert die Existenz der Grabhügel in Utersum nicht mehr. Sie sind zwischen 1800 und 500 vor Christus entstanden, haben einen Durchmesser von rund 30 Metern und sind etwa sechs Meter hoch. Bei Ausgrabungen wurden darin eine Urne mit verbrannten und kalzinierten Knochen sowie Bronzedolchklingen als Grabbeigaben gefunden. Sie sind erst recht nicht verwunderlich, wenn man weiß, dass es rund 500 stein- und bronzezeitliche Hügelgräber auf der Insel gegeben hat, um die sich bis heute viele Sagen ranken. So sollen in Triibergem die Unterirdischen, die Oterbaankins (siehe Ort 70), gewohnt haben. In unserem Fall sehr zum Ärger eines Bauern, dem die Zwerge Nacht für Nacht die Korngarben vom Feld stahlen. Mit einer List soll es ausgerechnet einem nicht besonders schlauen Bauerssohn gelungen sein, den Zwergen eine Falle zu stellen und sie zu töten, sodass es seither keine Unterirdischen in Triibergem mehr geben soll.

Adresse Triibergem, 25938 Wyk auf Föhr | Öffnungszeiten immer zugänglich | Tipp In Hedehusum finden Sie bei der Straße Poolstich ein weiteres Hünengrab mit einem Durchmesser von 15 Metern und einer Höhe von 3,5 Metern aus der Bronzezeit, das im 19. Jahrhundert eröffnet wurde. Man fand darin Knochenreste und Urnen mit Leichenbrand. Im Friesen-Museum sind Fundstücke solcher Graberöffnungen auf Föhr ausgestellt.

101 Der Utersumer Ankerplatz

Heimat auf Zeit

Er ist einmalig auf Föhr – der Ankerplatz für Wohnmobile –, und die Stellplätze sind heiß begehrt. Der Platz liegt ruhig am Rand von Utersum, ganz im Norden der Insel, und ist durch einen typischen Friesenwall von der schmalen Dorfstraße getrennt. Auf der anderen Seite Wiesen und Felder. Da kann es schon passieren, dass eine Kuh neugierig über den Weidezaun guckt, was denn so auf dem Frühstücksteller liegt. Man hört das Meer rauschen, denn der Deich ist nur 300 Meter entfernt. Dort wartet dann auch gleich der Strand – und der schönste Sonnenuntergang der Insel.

Die Tore zu ihrem Ankerplatz haben Jenny und Jan Sörensen erstmals 2015 geöffnet – damals mit 25 Stellplätzen. Wo jetzt Urlaub gemacht wird, wurde früher Landwirtschaft betrieben. Mittlerweile sind es 62 Stellplätze mit Schotteruntergrund auf einem liebevoll maritim gestalteten Gelände. Mit dem Umbau der Scheune kam 2018 der gemütliche Aufenthaltsraum hinzu, um Schietwettertage mit Fernseher und Spielmöglichkeiten für Groß und Klein angenehmer zu gestalten. WLAN ist ohnehin vorhanden. Die modernen Sanitäranlagen sorgen für Komfort, verfügen auch über ein barrierefreies Bad und sind, ebenso wie Waschmaschine und Trockner, über eine aufladbare Chipkarte zu bedienen. Vorbei sind damit die Zeiten, dass ein Camper beim Bäcker oder im Einkaufsladen daran zu erkennen war, dass er sein Rückgeld in 50-Cent-Stücken verlangte. Die Stellplätze sind 80 bis 120 Quadratmeter groß und verfügen selbstverständlich über Stromanschluss. Die Frischwasserversorgung und die Abwasserentsorgung erfolgen über eine zentrale Station.

Aber Achtung, auf dem Ankerplatz sind keine Zelte und Wohnwagenanhänger, sondern tatsächlich nur Wohnmobile zugelassen. Außerdem unbedingt vorab bei Familie Sörensen einen Ankerplatz reservieren, damit es nicht heißt: Wir sind leider ausgebucht.

Adresse Strunwai 16, 25938 Utersum | **Öffnungszeiten** bitte einen Stellplatz reservieren, weitere Infos unter Tel. 04683/214 und https://wohnmobile.business.site | **Tipp** Übernachten Sie am Strand – im Schlafstrandkorb unterm Sternenzelt –, hören Sie dem Meeresrauschen zu und lassen Sie sich vom Sonnenaufgang wecken. Für zwei Personen ist dieses Abenteuer für einen maximalen Aufenthalt von einer Nacht in Utersum, Nieblum und Wyk buchbar. Weitere Informationen unter www.foehr.de/schlafstrandkorb.

102 Der Utersumer Bootssteg

Wo Boote auf dem Trockenen liegen

Bei einem Bootssteg erwartet man Wasser – das ist aufgrund des Gezeitenwechsels jedoch nur zweimal am Tag für rund sechs Stunden da. Der Gezeitenkalender verrät, wann man den Bootssteg im Norden der Insel ansteuern kann – und wann der beste Zeitpunkt für ein interessantes Fotomotiv bei Ebbe ist. Die Möwe sitzt übrigens immer auf dem Pfahl – auf die täuschend echte Dekoration ist schon so mancher reingefallen und hat auf die Entfernung an einen tollen Schnappschuss geglaubt.

Ein ganz anderes Bild zeigt sich bei einer Sturmflut. Wie hoch das Wasser steigen kann, erkennt man eindrücklich an der höchsten Markierung mit dem Datum 4.2.1825. Ein Zeitgenosse notiert in den Provinzialberichten: »Nahe dem Dorfe Groß-Dunsum erfolgte gegen Mitternacht der bedeutendste Grundbruch des Deiches. Der dadurch entstandene furchtbare Strom stürzte sich auf das genannte Dorf und zerstörte dasselbe bis auf wenige Wohnungen. […] Schon hatte die See die Dörfer umringt und die Wege des Entfliehens gesperrt, schon brausten ihre Wellen über den Deich herüber und bedrohten die Dörfer Utersum, Süderende und Dunsum mit Niedersturz und Untergang, als der größte Teil der Bevölkerung der Insel noch im tiefen sicheren Schlummer ruhte und nicht die leiseste Ahnung von der Gefahr hatte, die schon zur Mitternachtsstunde sie umringte.«

Nur knapp darunter liegt die Markierung der November-Sturmflut von 1981, auch Nordfrieslandflut genannt, bei der sich der »Generalplan Küstenschutz« des Landes Schleswig-Holstein erstmals bewähren musste und der Deichbau, der seit der Hamburgflut von 1962 vorangetrieben worden war, auf eine harte Probe gestellt wurde. Keine zehn Jahre später, im Januar 1990, kam es zu der bislang größten bekannten Folge von fünf schweren Fluten innerhalb von drei Tagen – bei denen jedoch »nur« der Deich bei Dagebüll Schaden nahm und Küstenabbrüche zu verzeichnen waren.

Adresse am Strand, Übergang beim Haus des Gastes, Klaf 2, 25938 Utersum | Öffnungszeiten immer zugänglich | Tipp Unternehmen Sie einen Spaziergang auf dem Utersumer Deich, der am Flutmarkenpfahl vorbeiführt, und stellen Sie sich vor, wie hoch das Wasser bei einer schweren Sturmflut bereits mal gestiegen war.

103 Die Venti Amica

Heimat einer Föhrer Dichterin

Einst wies die Wyker Mühle den Kapitänen wie ein Leuchtturm den Weg zur Insel, weithin sichtbar und allein auf weiter Flur westlich von Wyk gelegen. Heute ist sie von Häusern umgeben und erst nahe der Mühlenstraße sichtbar.

Wo heute die Venti Amica (Freundin des Windes) steht, erbaute der ehemalige Schlachter Hansen mit seinem Sohn Christian 1745 eine Bockwindmühle als Kornmühle, die gemäß einer Vereinbarung in der königlichen Konzession nach dem Tod des Sohnes in den Besitz des Fleckens Wyk überging. Für das Jahr 1848 sind rund 800 Mühlenzwangsgäste verzeichnet, die verpflichtet waren, ihr Korn zum Mahlen in die Wyker Mühle zu bringen – erst 1852 erfolgte die Aufhebung des Mühlenzwangs.

Am 19. September 1878 geriet die Kornwindmühle bei einem Gewitter durch Blitzschlag in Brand – Emil Andresen (1853–1895), der die Mühle gerade von seinem Vater übernommen hatte, stand vor den rauchenden Trümmern seiner beruflichen Existenz. Für die Einwohner des Fleckens war dieses Unglück der Anlass, die Freiwillige Feuerwehr Wyk zu gründen. Mit finanzieller Hilfe des Vaters, der die Mühle selbst erst 13 Jahre zuvor für 20.000 Mark erworben hatte, wurde die Mühle im darauffolgenden Frühjahr 1879 zu ihrer heutigen Gestalt als Holländerwindmühle mit Schieferdach aufgebaut.

Als der Müller am 2. September 1895 unerwartet starb, brach für seine Frau Stine Andresen (siehe Ort 91), die unterdessen zur Heimatdichterin avanciert war, eine Welt zusammen, denn zugleich wurden die desolaten finanziellen Verhältnisse offenbar. Die Venti Amica musste zwangsversteigert werden. Die Mühle wurde von einem Konsortium Wyker Bürger gekauft und erfuhr seitdem noch zahlreiche Besitzerwechsel sowie 1923 einen Innenumbau, der Milliarden kostete – es war die Zeit der Inflation. Seither gab es Zimmer für Kurgäste, heute ist die Mühle in Privatbesitz und das Betreten leider verboten.

Adresse Mühlenstraße, gegenüber Park an der Mühle, 25938 Wyk auf Föhr | **Öffnungszeiten** jederzeit von außen zu besichtigen | **Tipp** Spazieren Sie von der Venti Amica aus die Mühlenstraße entlang nach Wyk hinein, bis Sie auf die Große Straße stoßen. Besonders ab der Mittelstraße gleicht die Mühlenstraße einer Gasse, in der Sie an wunderschönen Häusern, blühenden Rosensträuchern und hübschen Vorgärtchen vorbeikommen.

104 Die Vogelkoje Boldixum

Mörderische Idylle

»Zu den grössten Sehenswürdigkeiten Föhrs gehören die Vogelkojen«, konstatiert der Reiseführer von 1886. Zwischen 1730 und 1879 wurden sechs Vogelkojen in Betrieb genommen, zuletzt die Borgsumer.

Hinter dem anheimelnden Namen verbirgt sich eine mörderische Idylle. Wenn sich die Wildenten ab August auf den Weg in ihr Winterquartier machten, begann die beste Fangzeit, denn die erschöpften Tiere hielten nach Süßwasserteichen Ausschau, und die Lockenten leisteten überzeugende Arbeit. Die Wildenten schwammen in die Fangreusen, die in engen Fangpfeifen endeten. Dort stand der Kojenwärter, eingehüllt in den Rauch eines Kohlefasses, um seinen Eigengeruch zu überdecken, und tötete die Enten mit routiniertem Schleudergriff.

1789 vermeldete die alte Oevenumer Vogelkoje einen fragwürdigen Jahresrekord von 66.883 Enten. Der Preis vor Michaelis (29. September) betrug für eine Ente sieben Pfennig, nach Michaelis – »weil sie dann fetter waren« – elf Pfennige, bis 1890 kletterte er auf 50 bis 60 Pfennige. Krickenten gehörten auf Föhr zum »täglich Brot«. Feldarbeiter waren froh, »wenn sie einmal wieder eine ordentliche Erbsensuppe statt wieder Krickenten« beim Bauern bekamen, berichtet der Reiseführer.

Heinrich Boysen eröffnete 1885 mitten in Wyk seine Wildenten-Konservenfabrik, wo bis zu 40.000 Enten jährlich von gut 20 Frauen gerupft, eingekocht und in Konservendosen haltbar gemacht und bis nach Amerika verschifft wurden. 1944 schloss die Fabrik in der Westerstraße.

Noch 1959 titelt der Insel-Bote voller Bedauern: »Das große Entenglück blieb aus.« Man sucht nach Gründen für das schlechte Fangjahr und begrüßt die Entscheidung, die Vogelkojen von Oevenum und Borgsum wiederaufzubauen, »um den einst so blühenden Wildvogelfang nach holländischem Vorbild als heimatliche Tradition am Leben zu erhalten«. Manchmal ist es gut, wenn Traditionen aussterben.

Adresse Siedlerweg, 25938 Wyk auf Föhr (Boldixum) | Öffnungszeiten Besichtigung April–Okt. Mo–Fr 10–12 Uhr; der Eintritt ist frei, es wird um eine Spende zum Erhalt der Vogelkoje gebeten | Tipp Die Wildenten-Konservenfabrik von Heinrich Boysen befand sich in der heutigen Carl-Häberlin-Straße 20 in Wyk.

105 Der Walfänger-Grabstein

Wo der »glückliche Matthias« glücklos begraben ist

»Wenn das Frühjahr herannahte, verließ alles, was männlichen Geschlechts war, die Insel und ging auf Walfischfang, worunter Knaben von 10 und Greise von 80 Jahren, und kehrte im Herbst mit ihrem Verdienst wieder zurück«, berichtet der Föhrer Chronist Peter Jung Peters (1759–1842).

Zu diesen Männern gehörte Matthias Petersen, der am 24. Dezember 1632 als Matz Peters in Oldsum geboren wurde und es im 17. Jahrhundert zu solcher Berühmtheit brachte, dass noch heute ein Restaurant in Wyk nach ihm benannt ist.

Sein Grabstein trägt als vermutlich einziger auf Föhr eine lateinische Inschrift, die übersetzt lautet: »Er war in der Schifffahrt nach Grönland sehr kundig, wo er mit unglaublichem Erfolg 373 Wale gefangen hat, sodass er von da an mit Zustimmung aller den Namen ›Der Glückliche‹ annahm.« Aus heutiger Sicht ein zweifelhaftes Glück, das er in der »Goldmine des Nordens« in 50 Jahren Seefahrt fand. Als 20-Jähriger war er bereits Kommandeur eines Walfangschiffs, im Januar 1663 heiratete er die neun Jahre jüngere Inge. Wie zu jener Zeit üblich, nahm sie den Vornamen ihres Ehemannes als Nachnamen an.

Inge Matthiesen brachte neun Söhne und drei Töchter zur Welt. Zwei Söhne und eine Tochter musste sie als Kleinkinder wieder zu Grabe tragen, eine Tochter starb mit 17 Jahren, ihr Zweitgeborener wurde in St. Malo Opfer einer Kaperei, im Jahr darauf ließen zwei Söhne als Soldaten im Spanischen Erbfolgekrieg ihr Leben. Bei genauerer Betrachtung war der Walfangkommandeur also bestimmt oft unglücklich. Es kam aber noch dicker: Nach seinem Tod am 16. September 1706 wurde er in der Kirche vor dem Altar bestattet, doch die Erben blieben die versprochenen 100 Goldtaler für das ruhmvolle Begräbnis schuldig. Nach 14 Jahren (!) riss Pastor Wedel (1689–1723 im Amt) der Geduldsfaden, und der »glückliche Matthias« wurde kurzerhand auf den Friedhof umgebettet.

Adresse Friedhof St. Laurentii, Sarkstigh, Grabstein südlich der Kirche, 25938 Süderende | **Öffnungszeiten** tagsüber geöffnet | **Tipp** Zwei barocke Kronleuchter für Chor und Westjoch in der St.-Laurentii-Kirche wurden 1677 von Matthias Petersen und seinem Bruder John gestiftet. Der Kronleuchter im Westjoch wurde zwar 2005 in das nördliche Querschiff umgehängt, doch sie zieren seit nahezu 350 Jahren die Kirche.

106 Das wandernde Haus

Wenn man dem König weichen muss …

Das hübsche reetgedeckte Eckhaus an der Süderstraße in Wyk sieht so aus, als würde es dort schon immer stehen, doch dem ist nicht so. Bis 1848 stand es zusammen mit zwei anderen Häusern auf einem großen Grundstück an der Feldstraße, wo sich heute das Restaurant »Zum glücklichen Matthias« befindet.

König Christian VIII. war von 1842 bis 1847 jährlich über fünf Wochen hinweg zur Kur auf Föhr, und die sommerliche Erholung gelang: »Alle finden mein Aussehen gut und versprechend und gewiss tragen auch die frische Seeluft und die überaus salzhaltigen Bäder viel dazu bei«, berichtet er am 27. August 1847 in einem Brief. Außerdem gefiel ihm ein Wyker Grundstück mit dem Kartenblatt Nummer 178 und einer Größe von 30 ½ Ruthen in seiner Lage so gut, dass er trotz der vorhandenen Bebauung beschloss, sich dort ein standesgemäßes Schloss zu errichten.

Also schenkte (!) ihm der Flecken das gewünschte Grundstück, das sich nahe dem Meer vom Park an der Mühle bis zur heutigen Nordseeklinik Westfalen erstreckte, denn schließlich brachte der König wirtschaftlichen Aufschwung in das Seebad. Nicht zuletzt beliefen sich allein die Logiskosten seines Gefolges, das mit 79 Personen sämtliche Quartiere in Wyk belegte, auf stattliche 1.904 Reichsbankthaler.

Zwei der Häuser auf dem gewünschten Land waren sehr baufällig, und so ließ der König diese abreißen. Das dritte Haus aber, 1809 von Jens Matthiesen Schmidt erbaut, wurde sorgsam abgetragen und eine Querstraße weiter wiederaufgebaut. Seitdem wechselte das Haus zwar nicht mehr seinen Standort, jedoch noch fünf Mal seinen Besitzer, bis es 1939 von Adolf und Eva Wolf gekauft wurde. Noch heute befindet sich das aufwendig restaurierte Haus in Familienbesitz und wird als Ferienhaus gehegt und gepflegt. Den König ereilte jedoch vor der endgültigen Realisierung seines Plans der Tod, und so kann Föhr heute leider kein Schloss sein Eigen nennen.

Adresse Ferienhaus Wolf, Süderstraße 20, 25938 Wyk auf Föhr | Öffnungszeiten nur von außen zu besichtigen, Ferienwohnungen stehen zur Verfügung, weitere Infos unter Tel. 02237/53233 und www.ferienhaus-insel-foehr.de | Tipp Gegenüber befindet sich die St.-Nicolai-Kapelle, die 1899 als Missionshaus »Eben-Ezer« für 7.000 Mark aus der Privatschatulle von fünf Föhrern erbaut wurde. Seit 1954 gehört sie der Kirchengemeinde St. Nicolai und wird nach zahlreichen Umbauten als Jugendkapelle genutzt.

107_Das Wasserwerk

Wasser marsch auf der Insel

Eine Insel ist naturgemäß von reichlich Wasser umgeben, aber woher kommt eigentlich das Trinkwasser? Unglaublich, aber wahr: Trotz beachtlicher Gästezahlen übernahm erst 1964 das erste Wasserwerk die zentrale Wasserversorgung auf Föhr – zuvor gab es in fast jedem Garten einen Hausbrunnen sowie öffentliche Pumpbrunnen (siehe Ort 73).

Das Grundwasser liegt in einer Tiefe von nur 20 bis 80 Metern, und zur Wasseraufbereitung sind lediglich eine Entsäuerung, Enteisung und Entmanganisierung notwendig, die über geschlossene Filter mit feinkörnigem Kalk erfolgen. Die Jahresniederschlagsmenge liegt durchschnittlich bei 850 Millimetern, wovon knapp die Hälfte ins Grundwasser übergeht. Davon wird wiederum nur etwa ein Viertel genutzt, sodass der Grundwasserhaushalt der Insel derzeit in einem sehr guten Gleichgewicht ist.

Das Wasserwerk Föhr-Ost kam 1971 hinzu, es verfügt heute über ein Wasserschutzgebiet von 372 Hektar mit Brunnen und pumpt pro Jahr rund 700.000 Kubikmeter Wasser in die Rohre. Damit übernimmt das Werk zu über 80 Prozent die Wasserversorgung der Insel. Das Wasserwerk Föhr-West betreut ein Wasserschutzgebiet von 158 Hektar und stellt jährlich rund 200.000 Kubikmeter Wasser aufbereitet ab Werk zur Verfügung. Über ein Rohrnetz von über 100 Kilometer Länge gelangt das Trinkwasser zu den rund 4.700 Anschlüssen, um die gut 8.000 Einwohner der Insel und die über 2.000 Gäste im Jahr mit Trinkwasser zu versorgen.

Alles begann mit der Gründung des Wasserbeschaffungsverbands Föhr-West am 12. Juni 1961 durch die Gemeinden Oldsum, Süderende und Utersum, da zahlreiche Hausbrunnen in dieser Gegend nahezu versiegt waren. Heute beträgt der Anschlussgrad an die öffentliche Wasserversorgung 100 Prozent, auch die landwirtschaftlichen Betriebe in den entlegenen Marschgebieten sind angeschlossen. Also: Wasser marsch! Hier im wahrsten Sinne des Wortes.

Adresse Am Wasserwerk 1, 25938 Wrixum | **Öffnungszeiten** nur von außen zu besichtigen; weitere Infos unter Tel. 04681/59280 und www.wbv-foehr.de | **Tipp** Brunnen und Grundwasserentnahmestellen finden Sie mit informativen Erklärungstafeln versehen zum Beispiel im Gebiet hinterm Flugplatz, das Sie über den Fehrstieg und den Lindenweg gut zu Fuß oder mit dem Fahrrad erreichen.

108 Die Wattwanderung

Inselhopping im Weltnaturerbe

Eine Wattwanderung gehört zum Inselurlaub wie das obligatorische Fischbrötchen. Man kann sogar über den Meeresboden von Föhr zur Nachbarinsel Amrum spazieren, wo Stunden zuvor noch die Nordseewellen tobten. Dabei gehen Sie keineswegs über eine leblose Sandwüste, denn auf einem Quadratmeter Wattboden tummeln sich etwa zwei Millionen Organismen. Deshalb gehört dieser wertvolle Lebensraum seit 2009 zum UNESCO-Weltnaturerbe.

Aber Achtung, bitte unternehmen Sie niemals eine Wattwanderung ohne ortskundigen Wattführer. Das Wasser ist weit weg, die Sandfläche erstreckt sich scheinbar bis zum Horizont, doch die Idylle ist trügerisch, und die lebensbedrohlichen Gefahren werden oft unterschätzt.

Warum gibt es Ebbe und Flut? Nicht nur diese Frage wird auf der acht Kilometer langen geführten (!) Tour von Dunsum auf Föhr zur Nordspitze der Nachbarinsel Amrum geklärt. Der Wattführer macht Sie auch mit den Small Five bekannt. Das ist nicht etwa eine Band – der Begriff steht, angelehnt an die »Big Five« in Afrika, für die fünf typischen Bewohner des Wattenmeers: Wattwurm, Herzmuschel, Wattschnecke, Strandkrabbe und Nordseegarnele. Von Norddorf auf Amrum geht es mit dem Bus zum Fähranleger und mit dem Schiff zurück nach Wyk. Spannend ist auch eine Wanderung zur Kormoraninsel oder eine Wattenmeer-Tour von Hallig zu Hallig.

Barfuß oder mit Gummistiefeln ins Watt? Das ist die Gretchenfrage. Mit nackten Füßen erfühlen Sie das Wattenmeer im doppelten Sinne hautnah, nur müssen Sie darauf achten, nicht auf eine Schwertmuschel zu treten – denn der Name ist Programm. Bei kühlen Temperaturen sind (ausleihbare) Gummistiefel empfehlenswert, und wer seine Füße grundsätzlich schützen möchte, besorgt sich Wattsocken mit spezieller Sohle oder nimmt dicke Socken aus dem Kleiderschrank – Letztere sind hernach unter Umständen nur noch bedingt vorzeigbar, aber dafür eine schöne Urlaubserinnerung.

Adresse Zum Beispiel Treffpunkt beim Deichparkplatz beim Restaurant Zum Wattenläufer, Dunsem Stich, 25938 Dunsum | **Öffnungszeiten** zu festen Terminen, siehe Veranstaltungskalender | **Tipp** Geführte Wattwanderungen für Kinder bietet die Schutzstation Wattenmeer an. Termine werden im Veranstaltungskalender bekannt gegeben, diesen finden Sie auch online unter www.foehr.de/veranstaltungskalender.

109 Witt's Gasthof

Eine dichtende Gastwirtin

In Nieblum ist ein Weg nach Namine Witt benannt, und das Restaurant Namine Witt ist für Feinschmecker längst kein Geheimtipp mehr. Einst war Graf von Baudissin so beeindruckt von dem eigensinnigen, hübschen Mädchen, dass er ein ganzseitiges Porträt samt einer Schilderung der Begegnung 1864 in seinem Reisebericht veröffentlichte. Doch wer war die Frau, die am 5. Juni 1843 als Tochter des Kapitäns Simon Nahmen Paulsen in Oevenum geboren wurde?

Die Schicksalsschläge, die sie bis zu ihrem Tod am 16. September 1930 erdulden musste, reichen für zwei Leben. Ihr Vater wählte während einer gemeinsamen Seereise den Freitod, als sie 19 Jahre alt war, im Dezember 1882 brannte der Gasthof nieder, den sie gemeinsam mit ihrem Mann Broder Witt führte, und kaum war das Haus wiederaufgebaut, starben Mitte November 1885 zwei ihrer drei Kinder an »Rachenbräune«, also Diphtherie, innerhalb von einer Woche. Ihr Sohn Broder Jansen war sechs, Robert Marius nur drei Jahre alt. Der gemeinsame Grabstein mit der Aufschrift »Lasset die Kinderlein zu mir kommen« steht auf dem Friedhof von Nieblum – gleich gegenüber dem Gasthaus. Es blieb ihr nur ihr ältester Sohn Simon Nicholas – bis er nach Amerika auswanderte.

Im Reiseführer von 1886 wird »Witt's Gasthof und Garten« den »Kurgästen bestens empfohlen. Logis mit Pension 25 bis 30 Mk. pro Woche.« Im Nachruf heißt es: »Sie wurde als Wirtin in Witt's Gasthof zu ihrer Zeit auf der ganzen Insel und darüber hinaus bekannt. Ihre Dichtungen werden ihren Namen fortleben lassen.«

Dichtungen? Ja, Namine Witt verfasste als damals bekannte Heimatdichterin zahlreiche hoch- und plattdeutsche sowie friesische Gedichte, zudem sammelte sie 300 auf der Insel gebräuchliche Sprichwörter und unterstützte Dr. Carl Häberlin (siehe Ort 34) beim Aufbau des Friesen-Museums (siehe Ort 22). Leider ist ihr Nachlass bis nach Amerika verstreut und teilweise verschollen.

Adresse Alkersumer Stieg 4, 25938 Nieblum | **Öffnungszeiten** Namine Witt Bistro-Restaurant-Feinkost Mi–So 17.30–23 Uhr, abweichende Öffnungszeiten saisonbedingt möglich, weitere Infos unter Tel. 04681/9643523 und https://naminewitt.de | **Tipp** Das Geburtshaus von Namine Witt finden Sie in Oevenum, in der Dörpstrat 6. Begraben liegt sie gemeinsam mit ihrem Ehemann auf dem Nieblumer Friedhof, unter einem recht modernen grauen Grabstein, der mit hellen Steinquadern eingefasst wurde.

110 Der Witwen-Grabstein

Eine mahnende Botschaft an die Kinder

Der Grabstein von Antje Arfsten (1742–1823) auf dem Friedhof von Nieblum ist ein Beispiel für einen sprechenden Grabstein (siehe Ort 85), der eine besondere Beachtung verdient. Antje Arfsten hatte fünf Kinder und war alleinerziehend, wie man heute sagen würde, wobei sie als Seefahrerwitwe zur damaligen Zeit auch kein Einzelschicksal hatte. Ihre Aufgabe nahm sie jedoch sehr ernst, denn selbst als sie im hohen Alter von 81 Jahren stirbt, hinterlässt sie ihren Kindern eine mahnende Botschaft auf dem Grabstein: »Kinder bleibet fromm und gut, dann habt ihr stets frohen Muth. Das war der Zuruf der Wittwe Antje Arfsten aus Alkersum, deren irdische Hülle dieses Grab umschließt, an ihre Kinder.«

Antje Arfsten wurde am 29. Januar 1742 geboren und heiratete am 30. November 1768 den gut sechs Jahre älteren Seefahrer Arfst Jürgens. Im Verlauf der nächsten zehn Jahre brachte sie fünf Kinder zur Welt, das erste recht pünktlich 8,5 Monate nach der Hochzeit. Das Letztgeborene war elf Jahre alt, als der Vater im September 1791 auf See blieb – nur 55 Jahre alt geworden.

Da stand Antje Arfsten nun mit ihren Kindern, auf dem Grabstein liest sich das so: »Schon früh verlor sie diesen ihren Broderwerber. 1791 verunglückte derselbe auf der See, und hinterließ sie mit 5, zum Theil unerzogenen Kindern. Durch Gottes Segen gelang es ihr, dieselben alle groß u. wohlgebildet zu erziehen. Nur eins von ihnen ging ihr voran, die übrigen 4, samt 7 Enkeln überlebten sie. Abgelebt u. lebenssatt sank sie ruhig u. sanft in die Arme des Todes.»

»Unerzogene Kinder« – da haben wir heute sofort Bilder im Kopf. Zur damaligen Zeit waren damit noch nicht volljährige Kinder gemeint – in ihrem Fall also hoffentlich auch. Auf der Rückseite des Grabsteins ist die Lebensgeschichte ihres dritten Kindes, Jürgen Arfsten, verewigt, der es immerhin bis zum Schiffskapitän gebracht hat.

Adresse Friedhof St. Johannis, Grabstein an der Nordseite der Kirche, Alkersumer Stieg, 25938 Nieblum | **Öffnungszeiten** tagsüber zu besichtigen | **Tipp** Betrachten Sie links an der Kirchenmauer den Grabstein mit dem Loch in der Mitte näher. Durch solche Bohrungen war früher ein Stab gesteckt worden, mit dem die Grabsteine befestigt wurden. Und was für ein Schicksal hinter der Inschrift steckt: Johann Lorenz Olufs starb am 25. Mai 1828 und im selben Jahr in kurzer Folge seine Tochter mit knapp fünf Jahren, sein Sohn mit knapp drei Jahren und dann auch noch seine Schwester mit 19 Jahren. Zurück blieb die Witwe, ehemalige Schwägerin und trauernde Mutter.

111 Die Wrixumer Mühle

Windmühle ohne Flügel

Groß ist der Einsatz, die Wrixumer Mühle in altem Glanz erstrahlen zu lassen, und lang ist ihre Geschichte: An ihrer Stelle stand bereits 1464 eine Bockwindmühle, die 1660 jedoch von einem Sturm zerlegt wurde – der Erbpachtmüller Pay Andresen verlor dabei sein Leben.

Mit Hans Christiansen trat Mitte des 18. Jahrhunderts ein Mann auf den Plan, der vom Schlachter zum Müller wurde und dessen Grabstein drei Mühlen zieren – aus gutem Grund: Er besaß die Grütz- und Graupenmühle beim Sandwall in Wyk, die Wrixumer Mühle, und 1745 baute er noch eine Bockwindmühle, wo heute die Venti Amica (siehe Ort 103) steht.

Am 25. Oktober 1850 brannte die Wrixumer Mühle – doch weshalb? Schnell hatte man den damaligen Besitzer Arfst Oluf Volkerts (1814–1887) in Verdacht, weil seine alte Graupenmühle ihm nicht mehr genug Verdienst einbrachte. Er jedoch bezichtigte einen dänischen Soldaten der damaligen Besatzungstruppen der Brandstiftung. Wer es auch gewesen sein mag, mit finanzieller Hilfe der Einwohner baute man 1851 einen Erdholländer für 13.894 Mark – die heutige Wrixumer Mühle –, und im gleichen Jahr wurde dem verdächtigen Müller ein Sohn geboren. Das Fatale: Bei einem Erdholländer befinden sich die Flügelenden typischerweise in Bodennähe, und so mancher hielt es für eine Strafe Gottes, dass der knapp dreijährige Sohn Julius Theodor 1854 von einem der Flügel erschlagen wurde.

Seit 1906 wurde die Wrixumer Windmühle mit Motorkraft betrieben. Zum Großereignis wurde der »Todesflug am Mühlenflügel« am 30. April 1922, als Theaterdirektor Mielke ungesichert am Flügel hängend 13 rasante Umdrehungen in einer Minute zurücklegte – er überlebte. 1960 wurde die Mühle stillgelegt, und nach mehreren Besitzerwechseln gehört sie seit 2016 der Gemeinde Wrixum, die sich gemeinsam mit dem Wrixumer Mühlenverein e. V. mit großem Engagement für die Renovierung des Wahrzeichens einsetzt, www.damit-sie-wieder-dreht.de.

Adresse Hardesweg 54, 25938 Wrixum | **Öffnungszeiten** jederzeit von außen zu besichtigen | **Tipp** Halten Sie beim örtlichen Einkauf Ausschau nach Spendenboxen für die Wrixumer Mühle. Unter www.wrixum.de/muehle/der-verein erfahren Sie mehr über den Wrixumer Mühlenverein e. V. und vielfältige Spendenmöglichkeiten, wenn Sie gerade nicht vor Ort sind. Selbstverständlich freut sich der Verein auch über neue Mitglieder.

1
82
81
108
40
Groß-Dunsum
Dunsum
Klein-Dunsum
Oldsum
38
Klintum
Toftum
80
69
95
Süderende
Sarkstigh
31
49
101
102
29
Hoofstich
5
Utersum
7
61
70
76
105
87
98
19
51
100
Sarkstigh
Alter Heideweg
Hedehusum
Borgsum
4
Witsum
110
23
27
85
109
43
Goting
56
Nieblum
28
41
53
N
0
500 m

2
104
Midlum
68
Oevenum
14
30
Midlumweg
83
20
86
64
Oberweg
Dörpstrat
Alkersum
3
Wrixum
8
4
62
107
Wyk auf Föhr
17

3
4
Wrixum
WYK AUF FÖHR
Hardesweg
Dörpstraat
Kirch-
weg
Nieblumstieg
Boldixumer Straße
Am Hafen
Achtern-Diek
Rebbelstieg
Strandstraße
Museumstraße
Badestraße
Johannesstraße
Gmelinstraße
Stockmannsweg
111
13
10
91
44
46
57
63
9
1
22
39
12
26
67
36
96
2
52
32
72
54
N
0
100 m

4
Am Hafen
Achtern Diek
Boldixumer Straße
Hafenstraße
Große Straße
Mittel-straße
Süderstraße
Badestraße
Johannesstraße
Mühlenstraße
Feldstraße
Sandwall
84
75
48
74
35
16
18
92
66
90
15
42
3
25
33
99
37
47
88
89
6
55
97
45
73
11
60
34
106
24
79
59
21
78
50
65
93
58
94
71
103
77
N
0
50 m

Sina Beerwald
111 Orte auf Sylt, die man gesehen haben muss
ISBN 978-3-95451-511-0

Sina Beerwald
111 Orte auf Sylt, die Geschichte erzählen
ISBN 978-3-7408-0726-9

Sina Beerwald
22 Touren auf Sylt, die man gemacht haben muss
ISBN 978-3-7408-0734-4

Jela Henning, Jens Hinrichsen
111 Orte in und um Flensburg, die man gesehen haben muss
ISBN 978-3-7408-0241-7

Jochen Reiss
111 Orte in Kiel, die man gesehen haben muss
ISBN 978-3-95451-705-3

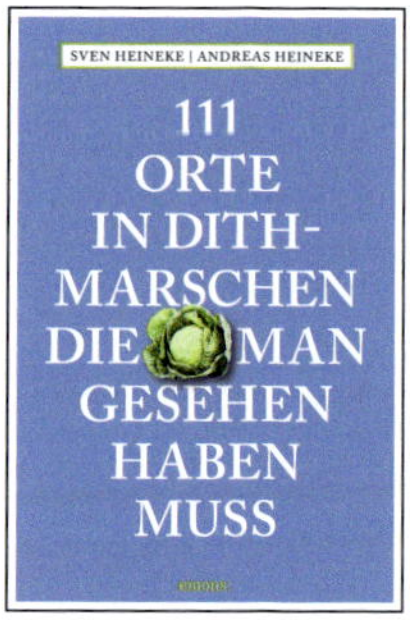

Sven Heineke, Andreas Heineke
111 Orte in Dithmarschen, die man gesehen haben muss
ISBN 978-3-7408-0854-9

Jochen Reiss
111 Orte in Nordfriesland, die man gesehen haben muss
ISBN 978-3-95451-627-8

Vito von Eichborn
111 Orte zwischen Lübeck und Kiel, die man gesehen haben muss
ISBN 978-3-95451-339-0

Jana Jürß
111 Orte an der Mecklenburgischen Seenplatte, die man gesehen haben muss
ISBN 978-3-95451-536-3

Alexandra Schlennstedt,
Jobst Schlennstedt
111 Orte in Lübeck, die man gesehen haben muss
ISBN 978-3-95451-564-6

Alexandra Schlennstedt,
Jobst Schlennstedt
111 Orte an der Ostseeküste, die man gesehen haben muss
ISBN 978-3-7408-1096-2

Annett Rensing
111 Hamburger Meisterwerke, die man gesehen haben muss
ISBN 978-3-7408-0987-4

Jochen Reiss
111 Orte im Alten Land, die man gesehen haben muss
ISBN 978-3-7408-0810-5

Stefanie Sohr, Volko Lienhardt
111 Orte auf St. Pauli, die man gesehen haben muss
ISBN 978-3-7408-0685-9

Jochen Reiss
111 Orte rund um Hamburg, die man gesehen haben muss
ISBN 978-3-7408-0564-7

Rike Wolf
111 Orte in Hamburg, die uns Geschichte erzählen
ISBN 978-3-95451-418-2

Petra Wochnik, Andreas Klesse
111 Dinge über das Wattenmeer, die man wissen muss
ISBN 978-3-7408-1081-8

Bernd Flessner
111 Orte auf Juist, die man gesehen haben muss
ISBN 978-3-7408-0548-7

Ingo Stock
111 Orte auf Spiekeroog, die man gesehen haben muss
ISBN 978-3-7408-0339-1

Norbert Ney, Sonja Bergot
111 Orte in Ostfriesland, die man gesehen haben muss
ISBN 978-3-95451-828-9

Bernd F. Gruschwitz
111 Orte in Bremen, die man gesehen haben muss
ISBN 978-3-95451-210-2

Dorothee Fleischmann, Carolina Kalvelage
111 Orte im Weserbergland, die man gesehen haben muss
ISBN 978-3-7408-0341-4

Christine Izeki, Gerald Roemer
111 Orte im Wendland, die man gesehen haben muss
ISBN 978-3-7408-1042-9

Jacek Auerbach
111 Orte in Oldenburg, die man gesehen haben muss
ISBN 978-3-7408-0249-3

Jela Henning, Jens Hinrichsen
111 Orte in und um Schwerin, die man gesehen haben muss
ISBN 978-3-7408-0635-4

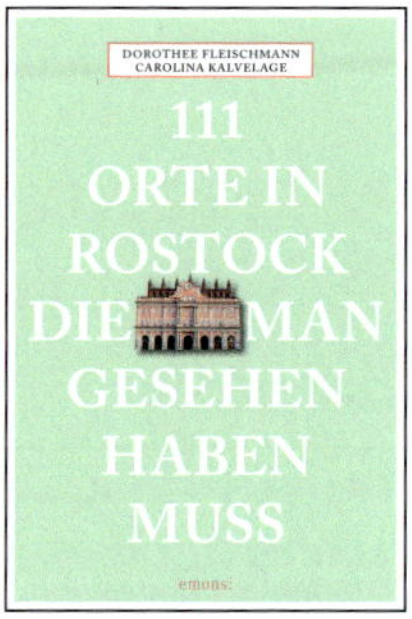

Dorothee Fleischmann, Carolina Kalvelage
111 Orte in Rostock, die man gesehen haben muss
ISBN 978-3-7408-1076-4

Maren Kaschner, Anselm Neft
111 Orte auf Rügen, die man gesehen haben muss
ISBN 978-3-95451-837-1

Alexandra Schlennstedt,
Jobst Schlennstedt
111 Orte an der Ostseeküste Mecklenburg-Vorpommerns, die man gesehen haben muss
ISBN 978-3-7408-0742-9

Alexandra Schlennstedt,
Jobst Schlennstedt
111 Orte in der Lüneburger Heide, die man gesehen haben muss
ISBN 978-3-95451-844-9

Jochen Reiss
111 Orte in und um Göttingen, die man gesehen haben muss
ISBN 978-3-7408-0730-6

Uwe Grießmann, Sonja Klima
111 Orte in und um Hildesheim, die man gesehen haben muss
ISBN 978-3-7408-0984-3

Annett Rensing
111 Orte in Osnabrück, die man gesehen haben muss
ISBN 978-3-7408-1194-5

Cornelia Kuhnert, Günter Krüger
111 Orte in Hannover, die man gesehen haben muss
ISBN 978-3-7408-1190-7

Lust auf mehr? Laden Sie sich die »LChoice«-App runter, scannen Sie den QR-Code und bestellen Sie weitere Bücher direkt in Ihrer Buchhandlung.

LChoice

Hier bestellen

Sina Beerwald, 1977 geboren, hat ihr Herz an die nordfriesischen Inseln verloren. Vor mehr als zehn Jahren wanderte sie auf die Insel Sylt aus, lebt dort seither als freie Autorin und macht am liebsten Urlaub auf Föhr. Sie ist Preisträgerin des NordMordAward und des Samiel Award und hat sich mit zahlreichen Romanen und Erlebnisführern einen Namen gemacht.